读史札记 贰

张延庆 / 著

齐鲁书社
· 济南 ·

图书在版编目（CIP）数据

读史札记.贰/张延庆著.-- 济南：齐鲁书社，
2023.10
ISBN 978-7-5333-4788-8

Ⅰ.①读… Ⅱ.①张… Ⅲ.①史学－文集 Ⅳ.
①K0-53

中国国家版本馆CIP数据核字(2023)第185208号

责任编辑：李军宏　井普椿
装帧设计：赵萌萌　刘羽珂

读史札记（贰）

DUSHI ZHAJI ER

张延庆　著

主管单位　山东出版传媒股份有限公司
出版发行　齐鲁书社
社　　址　济南市市中区舜耕路517号
邮　　编　250003
网　　址　www.qlss.com.cn
电子邮箱　qilupress@126.com
营销中心　（0531）82098521　82098519　82098517
印　　刷　山东临沂新华印刷物流集团有限责任公司
开　　本　880mm×1230mm　1/32
印　　张　9
插　　页　3
字　　数　220千
版　　次　2023年10月第1版
印　　次　2023年10月第1次印刷
标准书号　ISBN 978-7-5333-4788-8
定　　价　40.00元

序　言

　　早知道延庆先生有《读史札记（壹）》问世，但没有认真去读。不久前，经齐鲁书社傅光中先生介绍，才知此书大受欢迎，上市刚半年就几乎售罄。现在，不仅《读史札记（壹）》已再版重印，而且《读史札记（贰）》也即将出版。在这么短的时间里，延庆先生又读书而札记成册，可以想见他读书的高效与愉悦。

　　喜爱读史能达到什么状态？西晋时杜预喜欢《左传》，据说那时有人善相马而甚爱之故被称有"马癖"，有人颇聚敛而喜钱被称有"钱癖"，杜预则自称有"《左传》癖"。传闻清朝学者顾栋高也钟情于《左传》，他生气发怒时，家人悄悄在他旁边放一本《左传》，他看到后拿起便读，就忘了生气的事。其他如北宋人苏舜钦"以《汉书》下酒"之类的故事，亦属此列。延庆先生读史遍涉群书，在历史长廊里自由穿梭，深造自得，臻至化境，足以媲美先贤。

　　延庆先生也喜欢《左传》，他读史而深爱历史是从喜欢《左传》开始的。《左传》人物对话富于预测性，叙事纵横捭阖，细节感动人心，这都深深吸引了他。杨伯峻先生《春秋左传注》百万余字，延庆先生则日夜读记，经由此书深入到古人的世界。《左传》之外，延庆先生所读以正史为主，这是令人钦敬者。他读史二十多年，《左传》之后又读《史记》，继而扩展到《汉书》《后汉书》《晋书》《宋史》《明史》等。在本书中，他述说的是历朝历代，他的视野是二十五史，新、旧《唐书》，辽、金、元史，还有《清史稿》等，全部囊括其中。当然，他读史而不局限于史，而是经史子集，古今中外，取舍灵活，裁断自如。

《左传》是史，《左传》也是经。我读大学时，老师教导我们思考"经史因缘"的问题。我们戏言，读书要读"一本正经"，因为中华经典说的是价值、道德问题。读延庆先生的札记，首先引发的是关于读什么书的思考。读书要读好书，读最该读的书。现在常说"守正创新"，那么何以"守正"？"正"在哪里？正，就在中国的经史中。中国典籍分类经部之后紧接着就是"正史"，隐含的也是经史因缘的大问题。经典之中说根本，经典之中有常道。史书很多，何以"正史"居首？历史发展不能偏离正轨，所以说"政者正也"，"为政"乃是"为正"。所谓"温故而知新"，正史最值得温习，因为它们是方向最正的历史。

我猜想，延庆先生的《读史札记（贰）》，其用意应该也在于此。看延庆先生《读史札记（壹）》，其中题目有"褒忠""申孝""讲信""辨勇""攻伪""扬直""重祀"等，这不都是谈中华正道、常道吗？书中所议论的忠孝节义、智仁勇、真善美、公平正直，都是传统史学的灵魂与根基，也是中华民族更和睦和平地生活在一起的根本原因。例如"重祀"，《周礼》说"以祀礼教敬"，《左传》说"国之大事，在祀与戎"，慎终追远是中国几千年的文化传统。

《读史札记（贰）》接着以史论道，即史言道，继续谈中华正道、常道。但全书四十多篇，没有"有常"，而只有"无常"。读该篇，其思辨，其智慧，令人拍案叫绝。"人生有常，人生无常，常而无常，无常而常。"许多人、许多事，不断生动诠释着"有常"与"无常"的关系。《新唐书》记武元衡力主"削藩"，众节度使由此生恨。作者说，至于谁来杀他，似乎不重要了。《史记》记商鞅单边变法，得罪了贵族，得罪了商贾，也得罪了小生意人。作者说：其车裂而死，是早晚的了！无论为人处世，还是治国理政，守正守常是最紧要的。历史记载道出了有常，也道出了无常。

中华常道，为修身做人所须知。在《无常》篇中，作者追问：窦婴之死，究为何因？文育之死，究为何因？宋弁之死，人哀之乎？无常非无因。《有隙》篇则尖锐指出：与人有隙，举刀相向，可乎？与人有隙，致人死地，可乎？致人死地，己入死地；致人险地，己入险地。隙或由己，非由他人。恨达于人，事坏于己。因隙构隙，嫌隙深矣。延庆先生这些话句句入心，字字珠玑！

思考深才能说得透。如《定力》篇谈道："发之以勇，守之以专，达之以强。定力所止，光华自见，宁有他乎！"所谓"知止而后有定"，如果缺乏大格局，不能看见远方，何来定力？"人定胜天"，讲的是"知止而后有定"的意义，说的是人心有"定"的重要性。有定力，才能"泰山崩于前而色不变，麋鹿兴于左而目不瞬"，处乱不惊，镇定自若。如《礼说》篇说"礼当饰情，礼当养情，礼当治情"，又说"礼有大义，不可不慎"。礼乐文化乃中国文化传统的荦荦大端。礼也者，理也；礼也者，理万物者也。人情与人义，人心和道心，天理与人欲，决于礼也。孔子说："夫礼，所以制中也。"合乎礼的才合理，合理的才是"中"。《礼说》篇虽短，却言简义丰，于礼之义、礼之用，说得切中肯綮、透彻到位。

透过纷繁的史料，作者静观历史变化，笑谈世间万象。他得心应手，把历史记载信手拈来；他与历代史家心灵对话，在彼此的思想交接中，察人性之善，弘社会正气，令人深思，发人深省。如果没有深厚的文化素养，如果没有很深的家国情怀，哪里会有这些哲思与感悟？哪能写出这些篇幅短小却意味深长的精品来？在某种意义上，延庆先生的著作具有中国正史"导读"的功能。

说到读书，王蒙先生希望人们能够有一些有深度的、认真的阅读，最好读那些条理性、理想性、概括性强的书，甚至读一点费劲的书，读一些还有点不太习惯的书。在我看来，读书就像交友，不可不慎也。孔子说"益者三友，损者三友"。读书就像处世，环境很重要。《大戴礼记·保傅》说："目见正事，闻正言，行正道，左视右视，前后皆正人。夫习与正人居，不能不正也。"孔子反复告诫人们"无友不如己者"，道德有欠缺的人不可交往。人要不偏执、不邪僻，路要越走越宽，就要长见识、养正气，提高分辨力。读好的书，会把人带向光明、带进希望。

多年来，不少国人看不到中国经史的价值，读自己的书越来越少了。有大学新生入学时，校长荐书似乎特别钟爱外国著述。国外的书当然要读，我们也不能缺乏世界眼光，而对于刚刚跨入大学校门的青年学子，首先树立中国意识似乎更为必要！想起八十多年前伟人说过的现象："对于自己的历史一点不懂，或懂得甚少……有些人对于自己的东西既无知识，于是剩下了希腊和外国故事，也是可怜得很，从外国故纸堆中零星地检来的。"延庆先生读史，也给了人们先读什么书、必读什么书的启示。

2023 年 8 月 10 日于山东大学儒学高等研究院

自 序

日出日落，潮起潮落，壮丽山河，依然故我。

史书多波澜，怎么去读，读到何时，才会豁然开朗，才能激扬文字？这冲动，抑或激动，已经充盈着我，不能自已。我所抱定的，只是决心，让书把我吞下去，我愿意在书香里重生。

有时会想，我得向时间交份作业，于是就有了那本《读史札记（壹）》。那本小书，带了些许的华美，也带了些许的粗粝。君臣大义、父子大义、人伦大义，尽在其中矣。

有时还想，不出意外，还得再写一本。不出意外是指什么，是写不出来，还是不能完全写出来？对此，我是模糊的。

昏沉抑或慌乱，充斥着我。只有饱睡之后，清醒的脑力，才促我抓紧看书，抓紧思考，抓紧去写。心情不佳时，写的就少了慢了。这时我会告诫自己，写出一篇，等于飞翔了一次，还有比自由飞翔，更值得的事吗？

好书也会随风飘散，我始终在看的，竟只有史书。但我所驾驭的，多是小事、细节，虽能小中见大，但总不能宏阔，甚至有些轻盈，有些纤细。这断续形成的篇名，还是以两字短语出现。六个月的时间，写出了四十多篇，较第一本，确乎是少了。

难的不是写，而是读。以读促写，以写促读，成了我的常态。一点点写出来，是片刻的享受，但这是非常态的。大部分的篇章，开始只写了七八成，过后的完善，才让它们有了眉目。

《反覆》篇的《魏书》侯渊例，《下石》篇的《明史》唐文献例，《严正》篇的《三国志》杨阜例，《抑扬》篇的《旧唐书》皇甫无逸例，《通物》篇的《宋史》茶马互市例，《有验》篇的《辽史》萧陶隗例，等等，都是在修改时，加上去的。

《少之》篇原名为"不直"，以《明史》中藩王朱厚燫为例开篇，而开篇的原因，就是史书对这位藩王，始有"不直"之论。但之后，则多与"少之"有关。这时候，我的心是怯的，恰好后来翻书，《梁书》的范云例，有"少之"之事和"少之"之论，于是就改了篇名，替换了事例。

《临义》篇之《魏书》鹿悆例，含了取禾还缣、不与赏帛两个故事，原本想正面立论。当对比《旧唐书》段秀实例时，才切实感受到，其斥贼殉国，较之鹿悆以城降贼，完全不同。全篇立意，由此转为小节、大节之论：小节不足恃，大节看高下。

这如同小说家对其人物，原本是含了同情，但写来写去，最后竟厌恶起来，确也始料不及。

历史这棵树，果子甚多，我的肤浅的品尝，虽有欣喜，更有沮丧，历史的教训，决不止于这些。写的时候，我的右手拇指周边，先是酸疼，后是肿胀，持续月余不退，这是对手抄手记手写的纪念。

　　史中的山河渐次展开，心中的山河奔涌而来。乘此长风，我愿挂帆而去。

目 录

中　的

千难万难，中的实难；千险万险，中的实险。

陈宣帝太建五年（573），南陈北伐，进攻秦郡。北齐十万众来援，其锋甚锐。一西域胡，妙于弓矢，弦无虚发，陈军惮之。《陈书·萧摩诃传》于此接续云：

> 摩诃曰："愿示其形状，当为公（按，南陈都督吴明彻）取之。"明彻乃召降人有识胡者，云胡着绛衣，桦皮装弓，两端骨弭。明彻遣人觇伺①，知胡在阵，乃自酌酒以饮摩诃。

后续者何？"摩诃饮讫，驰马冲齐军，胡挺身出阵前十余步，彀弓未发，摩诃遥掷铣䤨②，正中其额，应手而仆。齐军'大力'

---

① 觇伺：窥察侦伺。
② 铣䤨：小矛，小凿。

十余人出战，摩诃又斩之，于是齐军退走。"①

一矛中的，再斩"大力"，其难何如，其险何如？

铁蹄踏过，儒何以存，士何以存？元宪宗即位，高智耀入见，言宜蠲其徭役。《元史·高智耀传》于此接续云：

> 帝（按，即元宪宗蒙哥）问："儒家何如巫医？"（智耀）对曰："儒以纲常治天下，岂方技所得比。"帝曰："善。前此未有以是告朕者。"诏复②海内儒士徭役，无有所与。

元世祖时，淮、蜀遭俘虏之士，皆没为奴，智耀奏言宜除之。《元史》于此接续云：

> 帝（按，即元世祖忽必烈）然之，即拜（智耀）翰林学士，命循行郡县区别之，得数千人。贵臣或言其诡滥，帝诘之，（智耀）对曰："士，譬则金也，金色有浅深，谓之非金不可，才艺有浅深，谓之非士亦不可。"帝悦，更宠赉③之。

其一语中的，元宪宗善之；其一语中的，元世祖悦之。其难何如，其险何如？

---

① 见《陈书·萧摩诃传》。

② 复：免除。

③ 宠赉：帝王之赏赐。

省里寺里，官员重置，有伤国体，卢思道非之。《隋书·卢思道传》于此有云：

> 于时（按，即隋文帝之世）议置六卿，将除①大理②。思道上奏曰："省有驾部，寺留大仆，省有刑部，寺除大理，斯则重畜产而贱刑名，诚为未可。"

殿庭之上，杖罚朝臣，斯文扫地，卢思道非之。《隋书》于此接续云：

> （思道）又陈殿庭非杖罚之所，朝臣犯笞罪，请以赎论……

隋文帝于此，悉嘉纳焉。所以嘉纳，盖以其中的是也，其难易亦可知也。

《晋书·孔愉传》云："及苏峻（按，时为历阳内史）反（按，反于东晋成帝咸和二年），愉朝服守宗庙。初，愉为司徒长史，以平南将军温峤母亡遭乱不葬，乃不过③其品④。"

---

① 除：任用。

② 大理：即大理寺卿。

③ 过：超过。

④ 品：品级。

孔愉守其正，温峤居其公。《晋书》于此接续云：

> 至是，峻平，而峤（按，时为江州刺史）有重功，愉往石头（按，即石头城）诣峤，峤执愉手而流涕曰："天下丧乱，忠孝道废。能持古人之节，岁寒不凋者，唯君一人耳。"

郭子仪像

峤之所言，确乎中肯，确乎中的，而其难易亦可知也。

中的者有忠而已。唐代宗大历三年（768），郭子仪兼邠、宁、庆节度使，而屯邠州。《新唐书·郭子仪传》于此有云：

> 回纥赤心请市马万四，有司以财乏，止①市千匹。子仪曰："回纥有大功（按，助唐平定安史之乱），宜答其意，中原须马，臣

① 止：同"只"。

请内一岁奉①，佐马直②。"诏不听，人许其忠。

中的者舍己而已。韩愈谏迎佛骨，表入，唐宪宗曰：

> 愈言我奉佛太过，犹可容；至谓东汉奉佛以后，天子咸
> 夭促③，言何乖剌④邪？愈，人臣，狂妄敢尔，固不可赦。⑤

韩愈之表，如箭穿心，宪宗大怒，将抵以死。救之者言："非
怀至忠，安能及此？"⑥故而贬之潮州，亦中的者之幸也。

中的者沛然而已。当宋宁宗之世，蔡幼学先迁中书舍人兼侍
讲，后进福建路安抚使，再召权兵部尚书，寻兼太子詹事。《宋
史·蔡幼学传》于此云：

> （幼学）器质凝重，莫窥其际，终日危坐，一语不妄发。
> 及辨论义理，纵横阖辟，沛然如决江河，虽辩士不及也。

沛然如江河，渊广如江河，澄澈如江河。《周书·苏绰传》有

---

① 内：同"纳"。奉：同"俸"。
② 直：同"值"。
③ 夭促：夭折，短命。
④ 乖剌：违逆；不合常规。
⑤ 见《新唐书·韩愈传》。
⑥ 见《新唐书·韩愈传》。

言，西魏、北周之际，宇文泰召苏绰，见之大悦。何以大悦？陈寅恪于《隋唐制度渊源略论稿·礼仪》论曰：

> 盖自汉代学校制度废弛，博士传授之风气止息以后，学术中心移于家族，而家族复限于地域，故魏、晋、南北朝之学术、宗教皆与家族、地域两点不可分离。绰本关中世家，必习于本土掌故，其能对宇文泰之问，决非偶然。

宇文泰窃割关陇一隅之地，欲与雄据山东之高欢、旧承江左之萧氏争霸，非别树一帜，不足以坚众人之自信。陈寅恪于此接续有论：

> 此绰所以依托关中之地域，以继述成周为号召，窃取六国阴谋之旧文缘饰塞表鲜卑之胡制，非驴非马，取给一时，虽能辅成宇文氏（按，即宇文氏所建之北周）之霸业，而其创制终为后王所捐弃，或仅名存而实亡，岂无故哉！

于事而言，宇文泰之有慧眼，可谓中的。于史而言，陈寅恪之能中的，可谓慧眼。

中的之力，可行忠，可制胜，可纠偏，可植义，可明辨，焕然美矣。无的放矢，言不由衷，行无所依，信马由缰，一知半解，可与为比邪！

豁 如

在舞台的中央，你是怎样的风景？在人生的边上，你是怎样的风景？现实的世界，有多少风景可看？你的内心，还期待什么样的风景？

噫，豁如者，大风景是也。《宋史·王审琦传》附《王承衍传》有云：

> 承衍（按，王审琦子）颇涉学，喜为诗，所至为一集。晓音律，多与士大夫游，意豁如也。

豁如者，才情是也，才情者何？《新唐书·孔若思传》云：

> （若思）擢明经，历库部郎中，常曰："仕宦至郎中足矣。"座右置止水一石，明自足意。

若思博学。先是，"有遗（若思）以褚遂良（按，唐朝政治家、书法家）书①者，纳一卷焉，其人曰：'是书贵千金，何取之廉？'答曰：'审尔，此为多矣。'更还其半"②。

若思出为卫州刺史，时在唐中宗之世。

> 故事，以宗室为州别驾，见刺史，骜放不肯致恭。若思劾奏别驾李道钦，请讯状。有诏别驾见刺史致恭，自若思始。③

豁如者自足，豁如者守道，豁如者不恭而恭。

《新唐书·柳浑传》云：

> 浑警辩好谈谑，与人交，豁如也。情俭不营产利。免后数日，置酒召故人出游，酣肆乃还，旷然无黜免意。

黜免者何？先是，"宰相张延赏（按，时在唐德宗之世）怙权，嫉浑守正，遣亲厚谓曰：'明公旧德，弟慎言于朝，则位可久。'浑曰：'为吾谢张公，浑头可断，而舌不可禁。'卒为（延赏）所挤，以右散骑常侍罢政事"④。

豁如者旷然，豁如者守正，豁如者舌不可禁。

---

① 书：书迹。
② 见《新唐书·孔若思传》。
③ 见《新唐书·孔若思传》。
④ 见《新唐书·柳浑传》。

《旧唐书·李石传》云：

> 石气度豁如，当官不挠。

何以不挠？唐文宗大和九年（835）十二月，中使巡边回，走马入金光门。从者讹言兵至，百官朝退，仓惶骇散。二相在中书，郑覃言宜去。宜去否？《旧唐书》于此接续云：

> 石曰："事势不可知，但宜坚坐镇之，冀将宁息。若宰相亦走，则中外乱矣。必若继乱，走亦何逃？任重官崇，人心所属，不可忽也。"石视簿书，沛然自若。

京城不乱，石与有功焉。唐文宗开成三年（838）正月五日，将曙入朝，盗发斫石，幸还私第。"天子（按，即唐文宗李昂）深知其故（按，中官仇士良伏戎加害李石），畏逼而不能理，乃至罢免（石）。……石至镇，表让中书侍郎，乃加检校兵部尚书、兼平章事。"①

豁如者沛然，豁如者表让，豁如者为官不挠。

"（大猷）家贫屡空，意尝豁如。"《明史·俞大猷传》开篇如是言。之后缓缓道来，气吞山河处，多波澜起伏。

安南入寇，大猷讨平之，内阁首辅严嵩抑其功不叙。倭寇扰

① 见《旧唐书·李石传》。

浙东，大猷大破贼，浙直总督胡宗宪等抑其功不叙。

　　击柘林倭，势犹未已。"巡抚曹邦辅劾大猷纵贼，帝（按，即明世宗朱厚熜）怒，夺其世荫①，责取死罪招，立功自赎。"② 因破倭功，诏还其世荫。

福建泉州清源山"君恩山重"石刻（俞大猷书）

---

① 世荫：子孙因先世官爵而得官。

② 见《明史·俞大猷传》。

击舟山倭，胡宗宪阴纵之。"比为御史李瑚所劾，（宗宪）则委罪大猷纵贼以自解。帝（按，即明世宗朱厚熜）怒，逮系诏狱，再夺世荫。"① 后解其狱，诏立功塞上，果大获贼，诏还其世荫。

击南赣贼，大猷连破之。"广（按，即广东）人让其功，大猷不与较。"② 光复兴化城，大破海倭，戚继光先登，受上赏，大猷但赍银币。

豁如者不与之较，豁如者"忠诚许国"③，豁如者"堪大受"④ 也。

晓畅明达，进退裕如，守正不阿，豁如之谓耶？"官不必备，惟其人。"⑤ 吾信矣夫！

① 见《明史·俞大猷传》。

② 见《明史·俞大猷传》。

③ 见《明史·俞大猷传》。

④ 见《明史·俞大猷传》。

⑤ 见《尚书·周书·周官》。《尚书正义》释此句为："三公之官不必备员，惟其人有德乃处之。"

宽　恤

总有一个结论是确实的，是有力的，是难以更易的。

生民之重关乎社稷，非知之无以牧民。牧民之要在乎宽恤，非明之无以行政。

宽恤之政，必发乎其情，必正乎其法。《明史·宣宗本纪》云：

> （宣德五年二月）乙未，（宣宗）奉皇太后谒陵。三月戊申，道见耕者，下马问农事，取耒三推，顾侍臣曰："朕三推已不胜劳，况吾民终岁勤动乎。"

谒陵之前，"（二月）癸巳，（宣宗）颁宽恤之令：省灾伤，宽马政，免逋欠①薪刍，招流民赐复一年，罢采买，减官田旧科十

---

① 逋欠：拖欠；拖欠的赋税钱粮。

之三，恤工匠，禁司仓官包纳，戒法司慎刑狱"①。

颁令之前，"（宣德三年）冬十一月癸酉，锦衣指挥钟法保请采珠东莞，帝（按，即明宣宗）曰，'是欲扰民以求利也'，下之狱"②。

其在位十年，《明史》评曰"蒸然有治平之象"，可谓有迹，可谓确实。

宽恤之政，必省乎其身，必识乎其弊。《旧唐书·宪宗本纪下》云：

> （元和七年五月）庚申，上（按，即唐宪宗）谓宰臣曰："卿等累言吴越去年水旱，昨有御史自江淮回，言不至为灾，人非甚困。"

如何作答，是个问题。"李绛（按，时为朝议大夫、守中书侍郎、同中书门下平章事）对曰：'臣得两浙、淮南状，继言歉旱。方隅授任，皆朝廷信重之臣。御史非良，或容希媚，此正当奸佞之臣。况推诚之道，君人大本，任大臣以事，不可以小臣言间之。伏望明示御史姓名，正之典刑。'"③

如何接续，亦有问题。"上（按，即唐宪宗）曰：'卿言是也。

① 见《明史·宣宗本纪》。
② 见《明史·宣宗本纪》。
③ 见《旧唐书·宪宗本纪下》。

朝廷大体，以恤人为本，一方不稔，即宜振救，济其饥寒，况可疑之也！向者不思而有此问，朕言过矣。'"①

唐宪宗李纯像

在此之前，"（元和七年二月）（宪宗）敕：'钱重物轻，为弊颇甚。详求适变②，将以便人。所贵缯货通行，里闾宽恤。宜令群臣各随所见利害状以闻。'"③

其在位十五年，《旧唐书》评曰："睿谋英断，近古罕俦④，唐室中兴，章武（按，即唐宪宗）而已。"可谓中肯，可谓有力。

宽恤之政行，严肃之风从。金历太祖、太宗、熙宗、海陵王，至于世宗之世，汉化步伐不断加快。《金史·世宗本纪上》有云：

---

① 见《旧唐书·宪宗本纪下》。
② 适变：适应变化。
③ 见《旧唐书·宪宗本纪下》。
④ 罕俦：少可相比。

（大定九年三月）丁卯，以尚书省定网捕走兽法，或至徒，上（按，即金世宗完颜雍）曰："以禽兽之故而抵民以徒，是重禽兽而轻民命也，岂朕意哉。自今有犯，可杖而释之。"

金太祖完颜阿骨打像

之后不久，"（大定九年五月）戊辰，尚书省奏越王永中（按，即完颜永中，金世宗庶长子）、隋王永功（按，即完颜永功，金世宗第五子）二府有所兴造，发役大"①。

如何处置，不成问题。《金史·世宗本纪上》于上接续云：

> 上曰："朕见宫中竹有枯瘁者，欲令更植，恐劳人而止。二王府各有引从人力，又奴婢甚多，何得更役百姓。……"

---

① 见《金史·世宗本纪上》。

其在位二十九年，《金史》评曰："群臣守职，上下相安，家给人足，仓廪有余，刑部岁断死罪，或十七人，或二十人，号称'小尧舜'……"此正所谓刑于寡妻，至于兄弟，以御于家邦是也。号为"尧舜"，岂非难以更易之谓邪！

尧舜非虚名，宽恤非作秀。"（明世宗即位后）猜忌日甚，冤滥者多，虽间命宽恤，而意主苛刻。"① 其宽恤者何？《明史》于此接续云：

> （世宗）尝谕辅臣："近连岁因灾异免刑，今复当刑科三覆请旨。朕思死刑重事，欲将盗陵殿等物及殴骂父母大伤伦理者取决，余令法司再理，与卿共论，慎之慎之。"时以为得大体。

苛刻者何？《明史》于此接续云：

> 越数年，大理寺奉诏谳奏狱囚应减死者。帝（按，即明世宗朱厚熜）谓诸囚罪皆不赦，乃假借恩例②纵奸坏法，黜降寺丞以下有差。

宽恤有假，苛刻有加，作秀有名，呜呼哀哉！

---

① 见《明史·刑法志二》。
② 恩例：帝王为宣示恩德而颁布之条例、规定。

持平即公平，公平即宽恤。唐太宗之世，法官一度以失出为诫，有失人者，又不加罪，自是吏法稍密。《新唐书·刑法志》于此有云：

> 帝（按，即唐太宗李世民）以问大理卿刘德威，对曰："律，失入①减三等，失出②减五等。今失入无辜，而失出为大罪，故吏皆深文。"

失入无罪，失出大罪，是何道理？《新唐书》于此接续有云：

> 帝矍然，遂命失出入者皆如律，自此吏亦持平。

宽恤须明察，明察非苛察。"（贞元十三年）诏书矜免百姓诸色逋赋，上（按，即唐德宗李适）问建封（按，时为检校右仆射），对曰：'凡逋赋残欠，皆是累积年月，无可征收，虽蒙陛下忧恤，百姓亦无所裨益。'"③

当此之时，李翰为金吾大将军，好伺察城中细事，加诸闻奏，冀求恩宠，人皆畏而恶之。《旧唐书·张建封传》于此接续云：

---

① 失入：谓轻罪重判或不当判刑而判刑。
② 失出：谓重罪轻判或应判刑而未判刑。
③ 见《旧唐书·张建封传》。

（贞元十三年）建封亦奏之，乃下诏曰："比来朝官或诸处过从，金吾皆有上闻。其闻如素是亲故，或曾同僚友，伏腊岁序，时有还往，亦是常理，人情所通。自今以后，金吾不须闻。"

明庶政之渊广，体万民之细弱，故而严之以刑，故而宽之以恤，怎一个"哀矜"了得！

容　止

容止可以是英气勃发，是感召力。刘义隆被弑，张畅哀动当时。《宋书·张畅传》于此有云：

> （刘宋文帝元嘉）三十年，元凶（按，即刘劭，刘宋文帝刘义隆长子）弑逆①，义宣（按，刘宋文帝刘义隆异母弟）发哀之日，即便举兵，畅为元佐，位居僚首，哀容俯仰，荫映当时。

义宣举兵，张畅英气逼人。《宋书》于此接续云：

> （畅）举哀毕，改服，着黄韦绔褶，出射堂简人，音姿容止，莫不瞩目，见之者皆愿为尽命。

---

① 弑逆：弑君杀父。

容止可以是明辨是非，是自控力。刘骏称帝，义宣不悦。大节面前，张畅不惑。《宋书》于此接续云：

> 义宣将为逆，遣婢人翟灵宝谓畅："朝廷简练舟甲，意在西讨，今欲发兵自卫。"畅曰："必无此理，请以死保①之。"

容止可以是先行先试，是意志力。少年张畅，一笑惊人。《宋书》有云：

南梁武帝萧衍像

（畅）弟牧尝为猘犬所伤，医云宜食虾蟆脍，牧甚难之，畅含笑先尝，牧因此乃食，创亦即愈。

自控力锻造意志力，意志力可以成习惯。《梁书·武帝本纪下》云：

（萧衍）性方正，虽居小殿暗室，恒理衣冠，小

---

① 保：担保。

坐押裓，盛夏暑月，未尝褰袒①。不正容止，不与人相见，虽亲内竖小臣，亦如遇大宾也。

其性方正，并不妨其治国，其在位四十六年。其正容止，并不妨其心性，其寿至八十六。

无独有偶。仇香默无闻，年四十，方为县吏，后为主簿。其以孝化民，以德化民，名著乡里。《后汉纪·孝灵皇帝纪上》于此接续云：

（香）以疾宴居②，必正衣服。妻子有过，免冠自责，妻子庭谢思过。香冠，妻子乃敢升堂，终不加喜怒声色。妻子事之，如事严君③焉。

其位卑，其行高；其出以化人，其入以化人；其正容止焉，其已习常焉。

容止可观，进退可度。④至有违戾，岂可不惧？秦王朱樉死后，其子朱尚炳嗣位。《明史·诸王列传一》于此有云：

永乐（按，明成祖朱棣年号）九年，使者至西安，尚炳

---

① 褰袒：揭起衣服，露出身体。

② 宴居：闲居。

③ 严君：父母之称，或指父亲。

④ 见《孝经·圣治章》。

《明史》书影

（按，即朱尚炳，明成祖侄子）称疾不出迎，见使者又傲慢。

傲慢者何？《明史》接续有云："帝逮治王府官吏，赐尚炳书曰：'齐王（按，即齐桓公）拜胙①，遂以国霸；晋侯（按，即晋惠公）惰玉②，见讥无后。王勉之。'尚炳惧，来朝谢罪。明年三月薨。"

其来谢罪，其轻慢使者，其事在永乐九年。其明年死，盖亦有因，关乎其惧否？

违戾之甚，关乎国体，讥之诮之，岂可不惧？《宋史·崔台符传》有云：

（台符）尝使辽，至其朝，久立帐前，傧者不赞导。问其

---

① 拜胙：恭敬地接受（周天子）所赐之祭肉。
② 惰玉：接受（周天子）赐玉时态度傲慢。

故，曰："太子未至。"台符诮之曰："安有君父临轩而臣子偃蹇①不至，久立使者礼乎？"傧者惧，赞导如仪。

久立何故邪？太子未至邪？辽不知礼邪？

动则思礼，行则思义，不为利回②，不为义疚③。或求名而不得，或欲盖而名章，惩不义也。④

似微而著，似隐而见，似朴而茂。容止之小，似可忽视；容止之大，岂能小觑！

---

① 偃蹇：骄横；傲慢。
② 回：违，违礼。
③ 不为义疚：不做不合于义而令人内疚的事。
④ 见《左传·昭公三十一年》。

如 一

如一者，言行一致是也，一以贯之是也，善始善终是也。如一考量者，乃平素之功夫，唯其平素如一，才有始终如一。

《宋史·杨应询传》云：

（应询）知雄州，朝廷多取西夏地，契丹以姻娅①为言，遣使乞还之，不得，拥兵并塞，中外恫疑②。

当此之时，谨言慎行乎？直言果行乎？《宋史》于此接续云：

应询曰："是特为虚声吓我耳，愿治兵积粟示有备，彼将闻风自戢③。"明年，果还兵。

———————————

① 姻娅：姻亲。
② 恫疑：虚张声势，恐吓威胁。
③ 自戢：收敛；停止。

契丹再请，应询再拒。

　　（契丹）复遣其相臣萧保先、牛温舒来请，诏应询逆于境。既至，帝（按，即宋徽宗赵佶）遣问所以来，应询对："愿固守前议。"①

　　后是，边捕北盗，契丹谓执平民，有诏纵释。当此之时，应询从容对曰："吾知执盗耳，因其求而遂与之，是示以怯也。"② 因而不与。契丹遂执边民，固而索之，应询由此贬秩。

　　应询之于边事，有言行一致，而无言行不一。

　　《明史·成祖本纪二》如下记：

　　　　（永乐七年，明成祖朱棣）谕行在法

明成祖朱棣像

---

① 见《宋史·杨应询传》。
② 见《宋史·杨应询传》。

司，重罪必五覆奏。

（永乐九年，明成祖朱棣）谕法司，凡死罪必五覆奏。

《明史·成祖本纪三》又记：

（永乐十三年）法司奏侵冒官粮者，帝（按，即明成祖朱棣）怒，命戮之。及覆奏，帝曰："朕过矣，仍论如律，自今死罪者皆五覆奏，着为令。"

朱棣之于刑狱，有一以贯之，而无朝令夕改。

自北魏孝武帝始，封隆之历事五帝，以谨素见知。《北史·封懿传》附《封隆之传》，于此接续云：

（隆之）凡四为侍中，再为吏部尚书，一为仆射，四为冀州刺史。每临冀部，州中旧齿①咸曰："我封公复来。"其得物情如此。

隆之之于物情，有一以贯之，而无前后不一。

侯景乱后，马枢隐茅山，有终焉之志。天嘉元年，有诏征之，枢辞不应命。之后，鄱阳王屡邀之，枢固辞以疾。《陈书·马枢传》于此接续云：

---

① 旧齿：耆旧；老臣。

门人或进曰："鄱阳王（按，即陈伯山，南陈文帝陈蒨之子）待以师友，非关爵位，市朝之间，何妨静默。"枢不得已，乃行。

《陈书》接续有云：

王别筑室以处之，枢恶其崇丽，乃于竹林间自营茅茨而居焉。每王公馈饷，辞不获已者，率十分受一。

春来秋去，几三十年，马枢终焉茅茨。靡不有初，鲜克有终。[①] 马枢之于静默，岂非善始善终者欤！

制心仁恕。"（制心）守上京（按，时为上京留守、汉人行宫都部署、漆水郡王，时在辽圣宗之世）时，酒禁方严，有捕获私酝者，（制心）一饮而尽，笑而不诘。"[②]

制心淡泊。"每内宴欢洽，（制心）辄避之。皇后（按，辽圣宗皇后，制心为其外弟）不悦曰：'汝不乐耶？'制心对曰：'宠贵鲜能长保，以是为忧耳！'"[③]

制心方介。"枢密副使萧合卓用事，制心奏合卓寡识度，无行

---

① 见《诗经·大雅·荡》。
② 见《辽史·耶律隆运传》附《耶律制心传》。
③ 见《辽史·耶律隆运传》附《耶律制心传》。

检，上默然。"①

制心之卒日，部民若哀父母。终其一生，其行有检，岂非善始善终者欤！

曹操征孙权，表请荀彧劳军，彧病留寿春。操遣人馈食，或发之，乃空器也，遂饮药而卒。明年，操乃为魏公。彧之死，是爱操耶？是爱汉耶？其如一否？

陈寿之《三国志》，列荀彧于魏臣，而范晔则单独提出，列之于《后汉书》。赵翼《廿二史札记》于此，先论曰"是彧之心乎为汉可知也"，后论曰"是可知彧欲藉操以匡汉之本怀矣"，再论曰"则亦见彧不死曹尚未敢为此也"。其于范晔之传论，则评曰："此实平心之论也。"

节存则令名存世，节改则令名灰飞。隋炀帝嗣位，敬肃迁颍川郡丞，司隶大夫薛道衡表赞敬肃："心如铁石，老而弥笃。"②《隋书·敬肃传》于此接续云：

> 时左翊卫大将军宇文述当涂用事，其邑③在颍川，每有书属④肃。肃未尝开封，辄令使者持去。述宾客有放纵者，（肃）以法绳之，无所宽贷。

---

① 见《辽史·耶律隆运传》附《耶律制心传》。
② 见《隋书·敬肃传》。
③ 邑：此指封邑。
④ 属：同"嘱"。

去官之日，肃家无余财，岁余卒于家，年八十。

同在隋炀帝之世，汲郡太守王仁恭有能名。《隋书·王仁恭传》接续云：

> （仁恭）迁信都太守，汲郡吏民扣马号哭于道，数日不得出境，其得人情如此。

及至隋末，天下大乱。"仁恭颇改旧节，受纳货贿，又不敢辄开仓廪，振恤百姓。"[①] 民怨由此而生，仁恭因此被害。

应询之贬秩，朱棣之有怒，隆之之复来，马枢之静默，制心之有识，苟彧之饮药，敬肃之弥笃，仁恭之受纳：所考验者，人性而已矣。

---

① 见《隋书·王仁恭传》。

反　覆

　　天象反覆，究为何因？《魏书·天象志一》云："自元年十一月至此月，岁星三犯房上相。岁星为人君，今（按，即北魏太武帝太平真君二年七月壬寅）反覆由之，循省钩铃①之备也。"

崔浩像

　　何耶？《魏书》于此接续云："浩（按，即崔浩，时为司徒，太平真君十一年被诛）诛之明年，卒有景穆（按，即拓跋晃，太武帝拓跋焘皇太子，遭陷害忧虑而死，后追封景穆皇帝）

---

　　①　钩铃：星座名。

之祸，后年而乱作（按，太武帝正平二年，拓跋焘被弑）。"

今人不信，而古人信之。今人录之，以约略明之。

可生而死，究为何因？《三国志·魏书·吕布传》有云：

> 布自以杀卓（按，即董卓，废汉少帝，立汉献帝，时为太师）为术（按，即袁术）报仇，欲以德之。术恶其反覆，拒而不受。

凤仪亭布戏貂蝉　王允授计诛董卓（清初刊本《三国志像》）

先是，布依丁原杀丁原，依董卓杀董卓。后于是，布诣袁绍，旋即去之。与曹操战，败奔刘备。《三国志》于此接续云：

术（按，即袁术）欲结布为援，乃为子索布女，布许之。术遣使韩胤以僭号议告布，并求迎妇。

恰此时，有人作祟。"布亦怨术初不已受也，女已在涂，追还绝婚，械送韩胤，枭首许（按，即许昌）市。"①

至是，布往依曹操。之后，复叛袁术。曹操攻之，布降。《三国志》于此有云：

布请曰："明公（按，即曹操）所患不过于布，今已服矣，天下不足忧。明公将步，令布将骑，则天下不足定也。"太祖有疑色。

《三国志》接续有云："刘备进曰：'明公不见布之事丁建阳（按，丁原字建阳）及董太师（按，即董卓）乎！'太祖（按，即曹操）颔之。布因指备曰：'是儿最叵信②者。'于是缢杀布。"

自缢而死，究为何因？

牢之本王恭手下，司马元显说之叛恭，牢之许焉。虽有听闻，但恭疑而不纳。《晋书·刘牢之传》于此有云：

（恭）乃置酒请牢之于众中，拜牢之为兄，精兵利器悉以

---

① 见《三国志·魏书·吕布传》。
② 叵信：不可信。

配之，使为前锋。行至竹里，牢之背恭归朝廷。

此其反一也。朝廷将讨桓玄，司马元显咨牢之，牢之以为不可。玄遣何穆说牢之。《晋书》于此接续云：

……（牢之）乃颇纳穆（按，即何穆）说，遣使与玄交通。其甥何无忌与刘裕（按，即刘宋武帝）固谏之，并不从。俄令敬宣（按，即刘敬宣，牢之子）降玄。

刘宋武帝刘裕像

此其反二也。之后不久，牢之又欲反玄，但犹豫不决。《晋书》于此接续云：

（牢之）集众大议。参军刘袭曰："事不可者莫大于反，而将军往年反者王兖州（按，即王恭，曾任青、兖二州刺史，故称），近日反司马郎君（按，即司马元显，字郎君，东晋权臣），今复欲反桓公（按，即桓玄，东晋权臣）。一人而三反，岂得立也。"语毕，趋出，佐吏多散走。

当此之时，敬宣先还京口拔其家，失期未至。牢之谓其为刘袭所杀，乃自缢而死。此其反三也。

惶骇而死，究为何因？唐高祖武德二年（619），高昌王麹伯雅死，其子麹文泰嗣位，遣使告哀，唐遣使往吊之。唐太宗嗣位，文泰复贡玄狐裘。《旧唐书·西戎列传·高昌传》于此接续云：

> 西域诸国所有动静，（文泰）辄以奏闻。贞观四年冬，文泰来朝，及将归蕃，赐遗甚厚。

后是，文泰有变。举其事一。"时西戎诸国来朝贡者，皆涂经高昌，文泰后稍壅绝①之。"②

举其事二。"伊吾先臣西突厥，至是内属③，文泰又与叶护④连接，将击伊吾。"⑤

《旧唐书》于此有云：

> 太宗以其反覆，下书切让，征其大臣冠军阿史那矩入朝，将与议事。文泰竟不遣，乃遣其长史麹雍来谢罪。

---

① 壅绝：阻塞断绝。
② 见《旧唐书·西戎列传·高昌传》。
③ 内属：归附朝廷为属国或属地。
④ 叶护：东突厥。
⑤ 见《旧唐书·西戎列传·高昌传》。

后是，诏令括送隋末奔高昌者，文泰隐蔽之。后于是，文泰击焉耆，虏其男女而去。后于是，唐征之入朝，文泰称疾不至。于是，唐太宗发兵击之，文泰欲以逸待劳。《旧唐书》于此有云：

及闻王师临碛口，（文泰）惶骇计无所出，发病而死。①

传首京师，究为何因？

北魏末年，天下大乱。尔朱兆弑杀孝庄帝，先拥立长广王，后拥立前废帝，此时侯渊授骠骑大将军、仪同三司、定州刺史、左军大都督、渔阳郡开国公，邑一千户，可谓显矣。尔朱兆败走，高欢拥立孝武帝，侯渊降高欢。此时侯渊除齐州刺史，余如故，亦可谓显矣。

《魏书·侯渊传》于此接续云："及出帝（按，即孝武帝元修）入关，（渊）复怀顾望。"

当此之时，孝武西奔，北魏分裂。东魏之立，高欢以青州许渊，于是渊攻贵平，执之。"渊自惟反覆，虑不获安，遂斩贵平（按，即元贵平，孝武帝所立之青州刺史，善斛斯椿），传首京师（按，东魏都城洛阳），欲明不同于斛斯椿（按，北魏大臣，随孝武帝西迁）也。"②

———————————

① 见《旧唐书·西戎列传·高昌传》。
② 见《魏书·侯渊传》。

后是，诏除青州刺史，竟为他人，而非渊也。"渊既不获州任，情又恐惧，行达广川，遂劫光州库兵反。"① 之后，"渊率骑奔萧衍（按，即南梁武帝），途中亡散，行达南青州南境，为卖浆者斩之，传首京师，家口配没"②。

人皆侧目，究为何因？

杨畏恐光讪光。《宋史·杨畏传》云：

> 畏恐得罪于司马光，尝曰："畏官夔峡（按，畏时为宗正丞，提点夔州路刑狱），虽深山群獠，闻用司马光，皆相贺，其盛德如此。"至光卒，畏复曰："司马光若知道③，便是皋、夔、稷、契；以不知道，故于政事未尽也。"

后是，畏依吕攻刘，攻颂冀辙，攻范攻辙。《宋史》于此有云：

> 吕大防、刘挚为相，俱与畏善，用畏为工部员外郎，除监察御史，擢殿中侍御史。畏助大防攻挚十事……挚罢，苏颂为相，畏复攻颂……颂罢，畏意欲苏辙为相。宣仁后（按，宋英宗后、宋神宗母，宋哲宗时薨逝）外召范纯仁为右仆射，畏又

---

① 见《魏书·侯渊传》。
② 见《魏书·侯渊传》。
③ 道：道理；规矩。

攻纯仁，不报。畏本附辙，知辙不相，复上疏诋辙不可用。

后是，畏背大防，而荐章惇。章惇人相，畏阴结之。《宋史》接续有云：

> 中书侍郎李清臣、知枢密院安焘与惇不合，畏复阴附李、安。惇觉其情……（畏）遂以宝文阁待制出知真定府。

《宋史》如此评畏："其倾危反覆如此，百僚莫不侧目。"

论者尤之，究为何因？大同兵变，王宪初言止诛首乱，大学士张孚敬、总督刘源清力主用兵。于是，宪不敢坚其议。时宪为南京兵部尚书，时在明世宗之世。《明史·王宪传》于此接续云：

> 源清攻城不能下，北寇又内侵，请别遣大臣御北寇，已得专攻城。宪亦议从其奏，论者多尤①宪。会帝（按，即明世宗朱厚熜）悟大同重镇，不宜破坏，乃寝其事，乱亦旋定。

由是，源清得罪去。居数年，宪引年归，卒于家。

初言之，不能坚；再言之，从其奏。无他因，惧之也。

与之夺之，究为何因？楚章华台成，鲁昭公贺之。楚灵王送以名弓，既而悔之。《左传·昭公七年》于此接续云：

---

① 尤：怨恨；责怪。

蘧启彊（按，楚大宰）闻之，见公（按，即鲁昭公）。公语之，拜贺。公曰："何贺？"对曰："齐与晋、越欲此久矣。寡君无适与也①，而传②诸君，君其备御三邻，慎守宝矣，敢不贺乎？"公惧，乃反③之。

先与之，后夺之，虽浮辞，无他也，楚强鲁弱也。

患得患失，汲汲营营，阳奉阴违，逞强欺弱，义安在乎？节安在乎？礼安在乎？反覆者可憎，亦复可鄙、可弃。

---

① 寡君无适与也：寡君没有把它送给别人。

② 传：送，授。

③ 反：同"返"。

感　悦

关乎死，关乎生，关乎情，情之所至，心必感之。

汉光武帝建武初年，虞延仕执金吾府，除细阳令。《后汉书·虞延传》于此云：

汉光武帝刘秀像

> 每至岁时伏腊，（延）辄休遣徒系①，各使归家，并感其恩德，应期而还。有囚于家被病，自载诣狱，既至而死，延率掾史，殡于门外，百姓感悦之。

———————————

① 徒系：囚犯。

感其恩德，应期而还。死而殡之，感而悦之。延之仁心，无复言矣。为官若此，夫复何求！记此感悦，良有以也。

隋文帝仁寿初年，山獠作乱，卫玄除资州刺史。《隋书·卫玄传》于此有云：

像帝文隋

隋文帝杨坚像

玄既到官，时獠攻围大牢镇，玄单骑造其营，谓群獠曰："我是刺史，衔天子（按，即隋文帝杨坚）诏安养汝等，勿惊惧也。"诸贼莫敢动。于是说以利害，渠帅①感悦，解兵而去，前后归附者十余万口。

后是，玄除遂州总管，仍令剑南安抚。"炀帝即位，复征（玄）为卫尉卿，夷、獠攀恋，数百里不绝，玄晓之曰：'天子（按，即隋炀帝杨广）诏征，不可久住。'因与之诀，夷、獠各挥

---

① 渠帅：首领。

涕而去。"①

感而悦之，解兵而去。攀而恋之，挥涕而去。玄之仁心，无复言矣。为官若此，夫复何求！记此感悦，良有以也。

元世祖至元三十年（1293），有旨发湖湘富民万家，屯田广西，以图交趾。《元史·哈剌哈孙传》于此云：

> 哈剌哈孙（按，时为荣禄大夫、湖广行省平章政事）秘遣使奏曰："往年远征无功，疮痍未复，今又徙民瘴乡②，必将怨叛。"吏莫知其奏，抱卷请署，（元世祖）弗答。吏再请，则曰："姑缓之。"未几，使还报罢，民皆感悦。

莫名所以，吏有再请。遣使密奏，使有还报。姑缓发之，民有感悦。为官若此，夫复何求！记此感悦，良有以也。

后唐明宗天成初年，吕琦拜殿中侍御史，再迁驾部员外郎、兼侍御使知杂事。会河阳帑吏窃财事发，明宗诏军抚院鞫之。《旧五代史·吕琦传》于此接续云：

> 时军巡使尹训怙势纳赂，枉直相反，俄有诉冤于阙下者，诏琦按之，既验其奸，乃上言请治尹训，沮而不行。琦连奏不已，训知其不免，自杀于家，其狱遂明，蒙活者甚众，自

---

① 见《隋书·卫玄传》。
② 瘴乡：指南方有瘴气的地方。

是朝廷多琦之公直。

自杀于家，已验奸慝。蒙活者众，可验公直。琦之仁心，无复言矣。为官若此，夫复何求！感悦不记，良可叹也。

清宣宗道光三年（1823），署张琦邹平县令。《清史稿·张琦传》于此云：

> （琦）抵任，岁且尽。阅四百七十村，麦无种者。即申牒报灾，亲谒上官陈状。破成例请缓征，因邹平得缓者十六州县。

麦无种者，诚可哀也。陈状缓征，竟破成例。琦之仁心，无复言矣。为官若此，夫复何求！感悦不记，良可叹也。

辽兴宗重熙十五年（1046），杨佶出为武定军节度使。《辽史·杨佶传》于此云：

> 灅阳水失故道，岁为民害，（佶）乃以己俸创长桥，人不病涉。及被召，郡民攀辕泣送。……其（按，即杨佶）居相位，以进贤为己任，事总大纲，责成百司，人人乐为之用。

人不病涉，攀辕泣送。进贤用贤，乐为之用。佶之仁心，无复言矣。为官若此，夫复何求！感悦之情，感人肺腑！

明英宗之世，得仁初为卫吏，以才荐授汀州府经历，上下爱之。《明史·王得仁传》于此接续云：

　　（得仁）秩满①当迁，军民数千人乞留，诏增秩再任。居三年，推官缺，英宗（按，即明英宗朱祁镇）从军民请，就令迁擢②。

　　后是，辖内沙县人作乱，攻县城，得仁与守将及知府击败之。《明史》于此接续云：

　　　　诸将议穷搜，得仁恐滥及百姓，下令招抚，辨释难民三百人。都指挥马雄得通贼者姓名，将按籍行戮，得仁力请焚其籍。贼复寇宁化，率兵往援，斩首甚众。民多自拔归，贼势益衰。

　　后是，得仁以疾卒，军民哀恸。《明史》于此接续云：

　　　　丧还，哭奠者道路相属，多绘像祀之。

　　感而爱之，感而归之，感而伤之，感而祀之。为官若此，夫复何求！

　　虞延之各使归家，卫玄之单骑造营，哈剌哈孙之密奏罢徙，吕琦之连奏不已，张琦之阅村报灾，赵佶之总纲责司，得仁之焚贼人籍，仁恕而已，有忠而已，担当而已，励己励人而已！

---

①　秩满：官员任职届满。

②　迁擢：谓提升官职。

惑　溺

　　惑溺似乎是顺其自然。陈灭入隋，虞世基只是个通直郎，家贫不能养亲，为此而闷闷不乐。日后飞黄腾达，竟完全像变了个人。《北史·虞世基传》于此云：

　　　　其（按，即虞世基）继室孙氏，性骄淫，世基惑之，恣意奢靡，雕饰器服，无复素士①之风。

　　无彼风有此风，既娶之则安之。《北史》接续有云：

　　　　孙（按，即孙氏）复携前夫子夏侯俨入世基舍，而顽鄙无赖，为其聚敛，鬻官卖狱，贿赂公行，其门如市，金宝盈积。

----

　　① 　素士：犹言布衣之士，亦指贫寒读书人。

隋末大乱，世基唯唯诺诺，以迎合为能事。因其言多合人主意，故于朝臣之中，最受隋炀帝礼遇。而世基此时，已进位金紫光禄大夫，专典机密。

以此而论，世基惑溺于孙氏，而隋炀帝至少则是，惑溺于虞世基了，这何其自然！宇文化及起兵弑逆，世基一同被害，所谓"主辱臣死"，这又何其稳妥！

无独有偶。《隋书·志十八·五行下》云：

> 齐后主有宠姬冯小怜，慧而有色，能弹琵琶，尤工歌舞。后主惑之，拜为淑妃。选彩女数千，为之羽从①，一女之饰，动费千金。

如此尤物，如此宠溺，如此而身不由己，如此而失去战机，如此而国家破灭，何其惑溺之深也！《隋书》于此接续有云：

> 帝（按，即北齐后主高纬）从禽②于三堆，而周（按，即北周）师大至，边吏告急，相望于道。帝欲班师，小怜意不已，更请合围。帝从之。由是迟留，而晋州遂陷。后与周师相遇于晋州之下，坐小怜而失机者数矣，因而国灭。

---

① 羽从：羽林扈从。
② 从禽：追逐禽兽；犹田猎。

惑溺似乎是上天注定。叔孙豹宠信竖牛，疏远孟丙、仲壬，和他做的一个梦有关。《左传·昭公四年》云：

> （叔孙豹）梦天压己，弗胜①。顾而见人，黑而上偻，深目而豭喙②。号之曰"牛助余"，乃胜之③。

此人便是竖牛，是他的儿子。虽然是长大之后才相认的，也是相认之时，才和那个梦挂钩的，但这不妨碍竖牛有宠，并主管了家政。《左传》于此接续云：

> 叔孙（按，即叔孙豹）为孟（按，即孟丙，叔孙豹嫡长子）钟④，曰："尔未际⑤，飨大夫以落之⑥。"（孟）既具，使竖牛请日（于叔孙）。（牛）入，弗谒（叔孙）。（牛）出，命⑦之日。

惑溺来矣，孟丙休矣。《左传》于此接续云：

---

① 弗胜：快顶不住了。
② 豭喙：嘴巴像猪。
③ 胜之：这才顶住了。
④ 钟：铸钟。
⑤ 际：交际，交往。
⑥ 以落之：以庆祝钟的落成。
⑦ 命：假传叔孙豹之命。

及宾至，闻钟声，牛曰："孟有北妇人（按，孟丙之生母，其时已另嫁）之客。"（叔孙）怒，将往。牛止之。宾出，使拘（孟）而杀诸外。

惑溺来矣，仲壬奔矣。《左传》于此接续云：

仲（按，即仲壬，孟丙同母弟）与公（按，即鲁昭公）御莱书（按，鲁昭公御士）观于公①，公与之环，（仲）使牛入示之。（牛）入，不示。（牛）出，命佩之。牛谓叔孙："见仲而何②？"叔孙曰："何为？"（牛）曰："不见，既自见矣，公与之环而佩之矣。"遂逐之，（仲）奔齐。

惑溺来矣，叔孙休矣。"（叔孙）疾急，命召仲，牛许而不召。"③之后，竖牛对外宣称："夫子（按，即叔孙）疾病，不欲见人。"④

宠信梦中救他的人，最终却被梦中之人，给饿死了。

无独有偶。尉迟迥是北周太祖宇文泰的外甥，又是西魏文帝元宝炬的女婿，因伐蜀平蜀有功，进封为平蜀公，出任相州总管。《周书·尉迟迥传》于此有云：

---

① 观于公：在公宫游玩。
② 见仲而何：把仲壬引荐给国君如何。
③ 见《左传·昭公四年》。
④ 见《左传·昭公四年》。

迥末年衰耄①，惑于后妻王氏，而诸子多不睦。

惑溺来矣，尉迟迥休矣。北周末年，杨坚辅政，危机四伏，尉迟迥举兵，仅六十八日，便兵败自杀。《周书》评其曰："忠君之勤未宣，违天之祸便及。"其惑于王氏，也惑于形势，岂能不败乎！

侯希逸惑于嗜好，有什么理由吗？他好畋猎，而又佞佛，二者矛盾，他却心安得很。《新唐书·侯希逸传》于此有云：

希逸始得青（按，即青州，时在唐肃宗之世），治军务农有状。后稍怠肆，好畋猎，佞佛，兴广祠庐，人苦之。夜与巫家野次②，李正己（按，侯希逸副将）因众怨闭阖不内，遂奔滑州。

同在《新唐书》，张直方惑于畋猎，有什么理由吗？直方为检校尚书右仆射，坐以小罪笞杀金吾使，改右羽林统军，时在唐宣宗之世。《新唐书·张仲武传》附《张直方传》，于此有云：

（直方）好驰猎，往往设置罘③于道。当宿卫不时入，下

① 衰耄：衰老；年老糊涂。
② 野次：止宿于野外。
③ 置罘：捕捉鸟兽的网子。

迁骁卫将军。奴婢细过辄杀，积其罪，贬思州司户参军。

后复授羽林统军，因纵部下为盗，复贬康州司马，时在唐懿宗之世。《新唐书》于此接续云：

> （直方）后居东都，弋猎愈甚，洛阳飞鸟皆识之，见必群噪。

一边猎物，一边猎人，其惑可谓深矣。

明英宗惑于王振，有什么理由吗？《明史·英宗前纪》记有二事。

其一，"是月（按，宣德十年九月），王振掌司礼监"。这是英宗即位当年之事。

其二，"（正统八年）六月丁亥，侍讲刘球陈十事，下锦衣卫狱，太监王振使指挥马顺杀之"。这是王振生杀予夺之事。

英宗复辟，深念王振。《明史·英宗后纪》于此有记："（天顺元年）冬十月丁酉，赐王振祭葬。"

被虏缘于王振，复辟遥想王振。英宗之于王振，《明史》评曰：

> 独以王振擅权开衅，遂至乘舆播迁①。乃复辟而后，犹追

---

① 播迁：迁徙，流离。

念不已，抑何其惑溺之深也。

唐玄宗惑于李林甫、杨国忠，有什么理由吗？二人弄权，导致安史之乱，国运由盛转衰。《旧唐书》于此有论：

《明皇幸蜀图》（局部）（唐李昭道绘，清乾隆帝题诗）

以玄宗之睿哲，而惑于二人者，盖巧言令色，先意承旨，财利诱之，迷而不悟也。

无独有偶。秦二世惑于赵高，有什么理由吗？二世拜赵高为中丞相，事无大小辄决于高。《史记·李斯列传》于此有云：

> 高自知权重，乃献鹿，谓之马。二世问左右："此乃鹿也？"左右皆曰"马也"。二世惊，自以为惑，乃召太卜，令卦之。

指鹿为马，非自惑也，欲惑人也。自以为惑，非惑马也，惑于人也。惑溺有别，其质为一。

谦　退

谦退者谦让。隋欲取陈，高颎献疲弊之策，陈人由是益弊。及其伐也，颎为元帅长史，三军咨禀，皆取断于颎。《隋书·高颎传》于此有云：

> 上（按，即隋文帝杨坚）尝从容命颎与贺若弼言及平陈（按，即南陈）事，颎曰："贺若弼先献十策，后于蒋山苦战破贼。臣文吏耳，焉敢与大将军论功！"帝大笑，时论嘉其有让。

谦退者谦卑。翼戴文成帝，源贺与有力焉。《魏书·源贺传》于此有云：

> 高宗（按，即北魏文成帝拓跋濬）即位，班赐百僚，谓贺曰："朕大赍善人，卿其任意取之，勿谦退也。"贺辞，固使取之，贺唯取戎马一匹而已。

其生也谦卑，其死也谦卑。翼戴文成帝，源贺与有力焉。至贺疾笃，遗令诸子曰："吾终之后，所葬时服单椟，足申孝心，刍灵明器，一无用也。"①

谦退者隐忍。令狐楚五岁能为辞章。《新唐书·令狐楚传》于此有云：

> （楚）逮冠，贡进士，京兆尹将荐为第一，时许正伦轻薄士，有名长安间，能作蜚语②，楚嫌其争，让而下之。

其生也隐忍，其死也隐忍。临终之际，"（楚）疾甚，诸子进药，不肯御，曰：'士固有命，何事此物邪?'……敕诸子曰：'吾生无益于时，无请谥，勿求鼓吹，以布车一乘葬，铭志无择高位。'"③

谦退者不伐。冯异拜偏将军，封应侯。《后汉书·冯异传》于此有云：

> 异为人谦退不伐④，行与诸将相逢，辄引车避道。进止皆有表识，军中号为整齐。每所止舍，诸将并坐论功，异常独

---

① 见《魏书·源贺传》。

② 蜚语：同"飞语"，无根据之流言。

③ 见《新唐书·令狐楚传》。

④ 不伐：不自夸。

屏树下，军中号曰"大树将军"。

其先也不伐，其后也不伐。天下略定，隗嚣据蜀，栒邑是重。于是，《后汉书》接续有云：

> （异）潜往闭城（按，即栒邑城），偃旗鼓。行巡（按，隗嚣将）不知，驰赴之。异乘其不意，卒击鼓建旗而出。巡军惊乱奔走，追击数十里，大破之。祭遵亦破王元（按，隗嚣将）于汧。于是北地诸豪长耿定等，悉畔隗嚣降。异上书言状，不敢自伐。①

谦退者敬戒。《左传·襄公二十二年》云：

> 九月，郑公孙黑肱有疾，归邑于公②，召室老、宗人立段（按，黑肱子），而使黜官、薄祭③。祭以特羊④，殷⑤以少牢。足以供祀，尽归其余邑……

《左传》接续记黑肱之言："敬共事君，与二三子。生在敬戒，

---

① 见《后汉书·冯异传》。
② 归邑于公：把封邑还给国君。
③ 薄祭：降低祭祀标准。
④ 特羊：一只羊。
⑤ 殷：即殷祭，例应用太牢（牛、羊、豕），今减为用少牢（羊、豕）。

不在富也。"《左传》接续引《诗经》之句:"慎尔侯度,用戒不虞。"

谦退者如水。苏绰气疾而卒,时年四十九。宇文泰痛惜不已,哀动左右。《北史·苏绰传》于此有云:

> 及将葬,(泰)乃谓公卿等曰:"苏尚书(按,即苏绰,生前为西魏大行台度支尚书)平生谦退,敦尚俭约。吾欲全其素志,便恐悠悠之徒,有所未达;如其厚加赠谥,又乖宿昔相知之道。进退惟谷,孤有疑焉。"

及其归葬,遂其素志,载以布车,步出送之。

谦退者裕如。耶律涤鲁神情秀彻,辽圣宗子视之,辽兴宗兄视之。当此之时,涤鲁愈发谦退。《辽史·耶律隆运传》附《耶律涤鲁传》于此有云:

> (涤鲁)初为都点检,扈从猎黑岭,获熊。上(按,即辽兴宗耶律宗真)因乐饮,谓

辽圣宗耶律隆绪等绣像

涤鲁曰："汝有求乎？"

《辽史》接续云："（涤鲁）对曰：'臣富贵逾分，不敢他望。惟臣叔（按，即耶律德凝，涤鲁之叔祖）先朝优遇，身殁之后，不肖子坐罪籍没，四时之荐享①，诸孙中得赦一人主祭，臣愿毕矣。'"

兴宗下诏免其籍，复其产。道宗时，涤鲁擢拜南府宰相。

噫嘻！谦退者或谦让，或谦卑，或隐忍，或不伐，或敬戒，或裕如。其让入也如是，其让出也如是，其平静如止水。天下为公，世为大同，其人可与也欤！

谦退的中央是谦卑。而谦卑，对于精神重力则是上升，可使人跌向高处。② 西蒙娜·薇依③如是说。

---

① 荐享：祭献；祭祀。
② 见西蒙娜·薇依《重负与神恩》。原文为："谦卑，对于精神重力就是上升，精神重力使我们跌到高处。"
③ 西蒙娜·薇依（1909—1943）：法国哲学家、思想家。

有　行

人海茫茫，有行者何？其行其止，其显其隐，似于常人，异于常人。

秘而不宣却还是失密。《新五代史·安彦威传》云：

> 彦威与安太妃（按，石敬儒妻，后晋出帝生母）同宗，出帝事以为舅，彦威未尝以为言。及卒（按，彦威时拜北面行营副都统），太妃临哭，人始知同宗也，当时益称其慎重。

其于慎重，有何考量？《新五代史》记彦威，另有如下事。

其一云："是时（按，时在后晋高祖之世），河决滑州，命彦威（按，彦威时镇归德）塞之，彦威出私钱募民治堤。"

其二云："出帝与契丹隳盟，拜彦威北面行营副都统，彦威悉以家财佐军用。"

不想去攀而终于去攀。《新唐书·王义方传》云：

魏征异之（按，即王义方），欲妻以夫人之侄，辞不取。俄而征薨，乃取女。人问其然，（义方）曰：“初不附宰相，今感知己故也。”

其辞其娶，有何考量？前于此，与独孤忭论，“义方引逮百家异同，连拄忭（按，时拜尚书外郎，以儒显），直出其上”①。前于此，有客疲于道，“义方哀之，解所乘马以遗，不告姓名去……”②

本为朝官却不领俸禄。东晋简文帝之世，陆纳出为吴兴太守。而纳至郡，不受俸禄。如此，其于饮食何？《晋书·陆晔传》附《陆纳传》于此有云：

顷之，（纳）征拜左民尚书，领州大中正。将应召，外白宜装几船③？纳曰：“私奴装粮食来④，无所复须也。”临发，止有被襆而已，其余并封以还官。

来时船带粮，去时亦一船，其与常人异，其心日月悬！

暂闻不忘却醉酒失忆。《金史·世祖本纪》云：

---

① 见《新唐书·王义方传》。
② 见《新唐书·王义方传》。
③ 外白宜装几船：随从问用多少船来装东西。
④ 私奴装粮食来：有平时自家奴仆从家中装运粮食来的船。

世祖（按，即金世祖完颜劾里钵）天性严重，有智识，一见必识，暂闻不忘。……尝乘醉骑驴入室中，明日见驴足迹，问而知之，自是不复饮酒。

一朝失忆，一朝戒酒。其醉与常人无异，其不复饮酒，则异于常人矣。

原本怒人却转而屈己。《新唐书·邢君牙传》有云：

初，布衣张汾者，无绍①而干君牙，轩然坐客上。会吏擿簿书，以盗没宴钱五万，君牙怒其欺，汾不谢去，曰："吾在京师，闻邢君牙一时豪俊，今乃与设吏论钱②，云何？"

《新唐书》于此接续云："君牙惭，遽释吏，引（汾）为上客，留月余，以五百缣为谢。"

其何以怒？其何以惭？其何以留？其何以谢？其与常人无异，其与常人有异。

前有荐之而后有劾之。《宋史·来之邵传》云：

元丰（按，宋神宗赵顼年号）中，（之邵）改大理评事，御史中丞黄履荐为监察御史。未几，（之邵）买倡家女为妾，

---

① 无绍：没有经人介绍。
② 论钱：计较钱财。

宋神宗赵顼像

履劾其污行，左迁将作丞。

非特立而人异之，非任侠而人赏之，非常态而人敬之，非夺人而人讶之，非笃实而人悦之，非慧眼而人赞之，何其相反相成邪！

本可蠲免却依调放免。《晋书·翟汤传》云：

> 建元（按，东晋康帝司马岳年号）初，安西将军庾翼北征石季龙（按，即后赵君主石虎），大发僮客①以充戎役，敕有司特蠲汤所调。

《晋书》于此接续云："汤悉推仆使委之乡吏，吏奉旨一无所受，汤依所调限，放免其仆，使令编户为百姓。"

《晋书》记翟汤，谓其耕而后食，谓其固辞不仕。其自我放逐，其自我革命，何也？

本可仰给却反助户部。《宋史·郭浩传》云：

---

① 僮客：奴仆。

金州残弊特甚，户口无几，浩（按，时知金州兼永兴军路经略使）招辑①流亡，开营田，以其规置颁示诸路。他军以匮急仰给朝廷，浩独积赢钱十万缗以助户部，朝廷嘉之，凡有奏请，得以直达。

时流不称而贵盛重之。《梁书·刘勰传》云：

（《文心雕龙》）既成，未为时流所称。勰自重其文，欲取定于沈约（按，时当为尚书仆射、建昌县侯）。约时贵盛，无由自达，乃负其书，候约出，干之于车前，状若货鬻者。

《文心雕龙》书影（元至正十五年刻明修本）

---

① 招辑：召集；犹招抚。

《梁书》于此有云："约便命取读，大重之，谓为深得文理，常陈诸几案。"

《梁书》记刘勰，谓其少孤贫，笃志好学。《梁书》记沈约，谓其少孤贫，笃志好学。其大重之，其异时流，何也？

人言有灵而请伐为椁。魏兰根居母忧，将葬。常山郡境先有董卓祠，祠有柏树。兰根以卓凶逆，不应遗祠至今，乃启刺史，请伐为椁。时兰根为北海王国侍郎。《北史·魏兰根传》于此接续云：

> 左右人言有灵，兰根了无疑惧。

危难见真情，重死甚于生。吊之难也易，不吊易也难。

人莫敢视而独往敛之。廉范曾从薛汉受业，楚王刘英以谋逆被废，事连薛汉。《后汉书·廉范传》于此接续云：

> （范）后辟公府，会薛汉坐楚王（按，即刘英，汉光武帝刘秀子）事诛，故人门生莫敢视，范独往收敛之。吏以闻，显宗（按，即东汉明帝刘庄，汉光武帝刘秀子）大怒，召范入，诘责曰……

范对以"不胜师资之情"①，显宗怒得以解。其何以独往？其何以敛之？其不念诏令，其不念己命，何也？

------

① 见《后汉书·廉范传》。

人皆虑祸而独诣丧所。《魏书·阳尼传》附《阳固传》有言，孝明帝神龟末，清河王元怿领太尉，辟固从事郎中，属怿被害，元乂秉政，朝野震悚。《魏书》于此，接续有云：

> 怿诸子及门生吏僚莫不虑祸，隐避不出，素为怿所厚者弥不自安。固以尝被辟命①，遂独诣丧所，尽哀恸哭，良久乃还。

人或避之，或不自安，固何以临哭，又何以良久，岂一个辟命可解！

先怒去之而后往吊之。徐渭发狂，锥己杀妻，元忭救而得免。《明史·徐渭传》于此接续云：

徐渭像

> （渭）入京师，主元忭（按，即张元忭，时为左谕德兼侍读，时在明世宗之世）。元忭导以礼法，渭不能从，久之怒而

---

① 辟命：征召，任命。

去。后元忤卒，（渭）白衣往吊，抚棺恸哭，不告姓名去。

其何以怒？其何以吊？其不重礼法，其甚重礼法，何也？

非必调而自调之，非必助而力助之，非贵盛而人重之，非必伐而请伐之，非必往而独往之，非必哀而独哀之，非重礼而甚礼之，何其仿佛若是邪！有行无时，正以事有变化，不可宗一故耳。

人生多争斗，最有意味的争斗，正是自己和自己。有行之士，总能跨过自己、战胜自己，登堂而入室。

挟 外

挟外者自轻，自轻者人轻；挟外者自贱，自贱者人贱。

约为父子，策为皇帝，刘崇了得！《宋史·北汉刘氏世家》有云：

> （崇）赍重币结契丹，自言与周有隙，愿如晋祖故事，约为父子。契丹主许之……策崇为大汉神武皇帝。自是数侵晋、绛。高平之败，崇单骑遁归，由此丧气，不敢复出师。

晋祖故事，是何故事？《新五代史·晋本纪》云：

> （天福元年）九月，契丹耶律德光（按，即辽太宗）入自雁门，与唐兵战，敬达（按，即后唐将领张敬达）大败。敬瑭夜出北门见耶律德光，约为父子。

后晋高祖石敬瑭等绣像

《新五代史》于此接续云："十一月丁酉，皇帝（按，即石敬瑭，后晋高祖）即位，国号晋。以幽、涿、蓟、檀、顺、瀛、莫、蔚、朔、云、应、新、妫、儒、武、寰州入于契丹。"

约为父子，送上土地，敬瑭了得！出帝即位，与辽隳盟，后晋亡矣。灭唐兴晋，"维翰（按，即桑维翰）之力也"①，后晋之亡，命亦休矣。

刘钧后续何？《宋史·北汉刘氏世家》接续云：

（钧）因事诛段常（按，时为北汉枢密使），契丹主遣使责钧（按，即刘钧，北汉国君，刘崇子）曰："尔不禀我命，其罪三：擅改年号，一也；助李筠（按，后周将领，宋初加兼中书令）有所觊觎，二也；杀段常，三也。"钧皇恐②曰："父为子隐，愿赦罪。"契丹不报。

---

① 见《新五代史·桑维翰传》。
② 皇恐：即"惶恐"。

刘钧结局何？《宋史》接续有云：

> 自是使契丹者被留不遣。（钧）终以实力窘弱，忧愤成
> 疾，是月卒，年四十三。

心怀异谋，上人蜡书，李筠了得！ 《宋史·李筠传》于此
有云：

> 及太原刘钧（按，北汉国君）以蜡书①结筠共举兵，筠
> 虽缄书②上太祖，心已畜异谋，太祖（按，即宋太祖赵匡胤）
> 手诏慰抚之。

李筠举兵，求钧济师。《宋史》于此有云：

> 刘钧遂率兵与契丹数千众来援，至太平驿，筠以臣礼迎
> 谒，见钧兵卫寡弱，甚悔之，而业已然矣。钧封筠西平王，
> 赐马三百匹……

李筠结局何？刘钧疑之，筠心不平，久之兵败，筠赴水死。
世修子礼，遣使谢封，刘豫了得。《金史·太宗本纪》于此有云：

---

① 蜡书：封于蜡丸之文书。
② 缄书：书信。

（天会八年）九月戊申，立刘豫为大齐皇帝，世修子礼，都大名府。……十月乙亥，上（按，即金太宗完颜晟）至自东京。齐帝刘豫遣使谢封册。

伪齐帝刘豫像

刘豫僭伪，人神共愤。《宋史》记刘豫，涉事颇多，择其二三以观。

刘豫招知楚州赵立，"立不发书，斩其使"。复遣立友人刘偲，以榜旗诱之。偲自称故人，立曰："我知有君父，不知有故人。"烧杀偲。

刘豫遣兵侵蜀。"（人）执进士薛筇送豫，筇勉豫：'早图反正，庶或全宗，孰与他日并妻子磔东市？'"

刘豫陷虢州，"镇抚司统制官谢皋指腹示贼曰：'此吾赤心也！'自剖心以死"。

刘豫结局何？《宋史·刘豫传》接续云：

初，金主先令挞辣、兀术伪称南侵入汴，绐麟（按，即刘麟，刘豫子）出至武城，麾①骑翼而擒之，因驰至城中。豫

---

① 麾：指挥军队的旗子；指挥。

方射讲武殿，兀术从三骑突入东华门，下马执其手，偕至宣德门，强乘以羸马，露刃夹之，囚于金明池。

吴曦之僭位，何其传首之速也！《宋史·宁宗本纪》于此有记：

（开禧二年）三月癸巳，以程松为四川宣抚使，吴曦为宣抚副使。

（开禧二年夏四月）戊辰，以吴曦兼陕西、河东路招抚使。……丁丑，吴曦遣其客姚淮源献关外四州于金，求封蜀王。

（开禧二年六月）金人封吴曦为蜀王。

（开禧二年十二月）庚戌，金人破成州，守臣辛櫓之遁去。吴曦焚河池县，退屯青野原。……戊辰，吴曦还兴州。……癸酉，吴曦始自称蜀王。

（开禧三年春正月）甲午，吴曦僭位于兴州。

（开禧三年二月乙亥）四川宣抚副使司随军转运安丙及兴州中军正将李好义、监四川总领所兴州合江仓杨巨源等共诛吴曦，传首诣行在①，献于庙社，枭三日，四川平。

江河奔流，大浪淘沙。挟外自重，兴风作浪，其起也速焉，其亡也忽焉。一切挟外者，必被唾弃！

———————

① 行在：古代指天子所在的地方。

轻 脱

羊祜塑像

事有轻脱，可与为厉。晋欲灭吴，以羊祜为都督荆州诸军事、假节。《晋书·羊祜传》于此有云：

> （祜）在军常轻裘缓带，身不被甲，铃阁①之下，侍卫者不过十数人，而颇以畋渔废政。

祜之轻脱，早有迹焉。《晋书》于此接续云：

---

① 铃阁：此指将帅办公的地方。

　　（祜）尝欲夜出，军司徐胤执棨当营门曰："将军都督万里，安可轻脱！将军之安危，亦国家之安危也。胤今日若死，此门乃开耳！"祜改容谢之，此后稀出矣。

徐胤言死，委实可敬；羊祜改容，委实可佩。

事有轻脱，可与为轻。孙绍好言得失。《北史·孙绍传》于此有云：

　　正光（按，北魏孝明帝元诩年号）初，（绍）兼中书侍郎。绍性抗直，每上封事，常至恳切，不惮犯忤。但天性疏脱，言乍高下，时人轻之，不见采览①。

上疏恳切，委实可佩；言乍高下，委实可恶。

事有轻脱，可与为戏。《三国志·蜀书·简雍传》云：

　　时天旱禁酒，酿者有刑。吏于人家索得酿具，论者欲令与作酒者同罚。

《三国志》于此有云："雍与先主（按，即蜀汉昭烈帝刘备）游观，见一男女行道，谓先主曰：'彼人欲行淫，何以不缚？'先主曰：'卿何以知之？'雍对曰：'彼有其具，与欲酿者同。'先主

――――――――――――

①　采览：采择观览。

大笑，而原欲酿者。"

简雍滑稽，委实可敬；刘备省悟，委实可佩。

事有轻脱，可与为讥。东晋伐吴，王浑进击，吴人大震。《晋书·王浑传》于此接续云：

> 孙皓（按，东吴末代君主）司徒何植、建威将军孙晏送印节诣浑（按，时为安东将军、都督扬州诸军事）降。既而王濬破石头，降孙皓，威名益振。明日，浑始济江，登建邺宫，酾酒①高会。

《晋书》接续有云："（浑）自以先据江上，破皓中军，案甲不进，致在王濬之后。（浑）意甚愧恨，有不平之色，频奏濬罪状，时人讥之。"

王浑有恨，非当恨人；时人讥之，宁有不当？

事有轻脱，可与为叹。大象元年（579）十二月乙丑，北周宣帝宇文赟行幸洛阳。《北史·周本纪下》于此有云：

> 帝亲御驿马，日行三百里。四皇后及文武侍卫数百人，并乘驿以从。令四后方驾齐驱，或有先后，便加谴责。人马顿仆②，相属于道。

---

① 酾酒：斟酒。
② 顿仆：犹跌倒。

周帝有乐，众人有恨；江山有移，隋代北周。

事有轻脱，可与为巨。宋仁宗至和二年（1055），"朝廷欲俟秋兴大役，塞商胡，开横陇，回大河于古道"①。翰林学士欧阳修上疏，极言其弊。《宋史·河渠志一》言其上疏云：

> （修）不敢远引他事，且如河决商胡，是时执政之臣，不慎计虑，遽谋修塞。凡科配梢芟②一千八百万，骚动六路一百余军州，官吏催驱，急若星火，民庶愁苦，盈于道涂。或物已输官，或人方在路，未及兴役，寻已罢修，虚费民财，为国敛怨，举事轻脱，为害若斯。

欧阳修塑像

---

① 见《宋史·河渠志一》。

② 梢芟：树枝、芦荻类之防汛护堤材料。

彼时轻脱，此时轻脱。此疏接续又云："今又闻复有修河之役，三十万人之众，开一千余里之长河，计其所用物力，数倍往年。当此天灾岁旱、民困国贫之际，不量人力，不顺天时，知其有大不可者五……"

后是，欧阳修二次上疏，言疏浚之法："今若因水所在，增治堤防，疏其下流，浚以入海，则可无决溢散漫之虞。"①

朝廷不听。"（宋仁宗）嘉祐元年四月壬子朔，塞商胡北流，入六塔河，不能容，是夕复决，溺兵夫、漂刍藁不可胜计。"②

轻则寡谋，无礼则脱。③ 轻脱如是，谁之过邪？

事有轻脱，无如之何。广德元年（763）十月，吐蕃陵逼上都，唐代宗东迁陕州。将军王怀忠拥诸王西投吐蕃，适遇元帅郭子仪。怀忠诈谓子仪曰："令公身为元帅，废置在手，何不行册立之事乎？"④

《旧唐书·丰王李珙传》于此接续云：

> 子仪未及对，珙（按，即丰王李珙，唐玄宗第二十六子）遂越次⑤而言曰："令公作何语，何不言也？"

① 见《宋史·河渠志一》。
② 见《宋史·河渠志一》。
③ 见《左传·僖公三十三年》。
④ 见《旧唐书·丰王李珙传》。
⑤ 越次：越出序列；越出位次。

及见代宗，并未责之。"珙归幕次①，词又不顺，群臣恐遂为乱，请除之，遂赐死。"②

《旧唐书》论为"口祸丰珙"，不亦宜哉！

事有轻脱，无如之何。《旧五代史·周书·世宗纪二》云：

> （显德二年五月）己卯，刑部员外郎陈渥赐死，坐检齐州临邑县民田失实也。渥为人清苦，临事有守，以微累③而当极刑，时论惜之。

《周书》言为"时论惜之"，不亦悲夫！

---

① 幕次：临时搭起的帐篷。

② 见《旧唐书·丰王李珙传》。

③ 微累：微小之牵累。

下 石

落井下石者，扶以时机，摇以伪术，诈忠卖直，惑人视听，致人死地，殆矣乎圣贤！

"齐受禅，静帝（按，即东魏孝静帝元善见）逊居别宫，与诸臣别，让之（按，即裴让之）流涕歔欷。"① 让之时为东魏中书舍人。

"清河有二豪吏田传贵、孙舍兴久吏奸猾，多有侵削，因事遂胁人取财。计赃依律不至死。让之以其乱法，杀之。时清河王岳为司州牧，遣部从事案之。"② 让之时为北齐清河太守。

至情者死。《北齐书·裴让之传》于此接续云：

> 侍中高德政旧与让之不协，案奏言："当陛下（按，即北齐文宣帝高洋）受禅之时，让之眷恋魏朝，呜咽流涕，比为

---

① 见《北齐书·裴让之传》。
② 见《北齐书·裴让之传》。

内官，情非所愿。"

让之终被赐死。罪不合死而死，盖有人肆言为公，乘间下石焉。

及帝（按，即西晋武帝司马炎）晚年，诸子并弱，而太子（按，即西晋惠帝司马衷）不令①，朝臣内外，皆属意于攸（按，即司马攸，西晋武帝同母弟）。中书监荀勖、侍中冯紞皆谄谀自进，攸素疾之。②

疾恶者死。《晋书·齐王攸传》于此接续云：

晋武帝司马炎像

---

① 不令：不善；不肖。
② 见《晋书·齐王攸传》。

  勖等以朝望在攸，恐其为嗣，祸必及己，乃从容言于帝曰："陛下万岁之后，太子不得立也。"帝曰："何故?"勖曰："百僚内外皆归心于齐王（按，即司马攸），太子焉得立乎！……"

先是，攸封于齐，未之国，至是遣攸之国。攸愤怨，遂发疾，呕血而薨。而下石者，非止于此。《晋书》于此接续云：

  帝哭之恸，冯紞侍侧曰："齐王名过其实，而天下归之。今自薨陨，社稷之福也。陛下何哀之过！"帝收泪而止。

攸终于死去，病不合死而死，盖有人肆言为公，乘间下石焉。

  司隶大夫薛道衡以忤意获谴，蕴（按，即裴蕴，时为御史大夫）知帝（按，即隋炀帝杨广）恶之，乃奏曰："道衡负材恃旧，有无君之心。见诏书每下，便腹非私议，推恶于国，妄造祸端。论其罪名，似如隐昧，源其情意，深为悖逆。"

忤意者死。《北史·裴蕴传》于此接续云：

  帝曰："然。我少时与此人相随行役，轻我童稚，共高颎（按，隋炀帝时为太常寺卿，被诛杀）、贺若弼（按，隋炀帝时为右武侯大将军，被诛杀）等外擅威权。自知罪当诬罔①，及我即位，怀不自安，赖天下无事，未得反耳。公论其逆，妙体本心。"于是诛道衡。

道衡获谴，罪不至诛而诛，乘间下石者，何其诈忠之甚也！乐得此石者，何其猜忌之甚也！

"愔（按，即杨愔）从兄幼卿为岐州刺史，以直言忤旨见诛。愔闻之悲惧，因哀感发疾，后取急就雁门温汤疗疾。"②愔时为北魏大行台右丞。

悲惧者匿。《北齐书·杨愔传》于此接续云：

郭秀素害其能，因致书恐之曰："高王（按，即高欢，北齐追封神武帝）欲送卿于帝（按，即北魏孝庄帝元子攸）所。"仍劝其逃亡。愔遂弃衣冠于水滨若自沉者，变易名姓，自称刘士安，入嵩山，与沙门昙谟征等屏居③削迹。又潜之光州，因东入田横岛，以讲诵为业，海隅之士，谓之刘先生。

杨愔削迹，无须遁而远遁，盖有人托以悲恸，乘间下石焉。

---

① 诬罔：诬陷毁谤。
② 见《北齐书·杨愔传》。
③ 屏居：屏客独居。

"士㒟（按，即赵士㒟，濮安懿王赵允让曾孙）数言事，忤秦桧。及岳飞被诬，士㒟力辨曰：'中原未靖，祸及忠义，是忘二圣（按，即宋徽宗、宋钦宗父子）不欲复中原也。臣以百口保飞无他。'桧大怒，讽言者论士㒟交通①飞，踪迹诡秘，事切圣躬，遂夺官。"② 作为宗室，士㒟时权主奉濮安懿王祠事。

力辨者谪。《宋史·赵士㒟传》于此接续云：

> 中丞万俟卨复希旨③连击之。谪居于建，凡十二年而薨，年七十。

士㒟乃允让之曾孙，允让乃英宗之生父。宗室至亲竟遭连击，以至于不起，乘间下石者，何其诈忠之甚也！

> 方是时（按，时在宋仁宗之世），杜衍等相继以党议罢去，修（按，即欧阳修）慨然上疏曰……于是邪党益忌修，因其孤甥张氏狱傅致④以罪，左迁知制诰、知滁州。居二年，徙扬州、颍州。复学士，留守南京，以母忧去。服除，召判流内铨，时在外十一年矣。⑤

①　交通：攀附，勾结。
②　见《宋史·赵士㒟传》。
③　希旨：亦作"希指"，迎合君上之意旨。
④　傅致：罗织。
⑤　见《宋史·欧阳修传》。

修左迁，时为龙图阁直学士、河北都转运使。

慨然者何？《宋史·欧阳修传》于此接续云：

> 小人畏修复用，有诈为修奏，乞澄汰①内侍为奸利者。其
> 群皆怨怒，谮之，出知同州，帝纳吴充言而止。迁翰林学士，
> 俾修《唐书》。

忌修畏修者，竟至于诈伪。乘间下石者，何其卖直之甚也！

公道在人心，人心岂可欺？"沈一贯以'妖书'事倾尚书郭正
域，持之急。文献携其僚杨道宾、周如砥、陶望龄往见一贯曰：'郭
公（按，即郭正域）将不免，人谓公实有意杀之。'一贯蹐踧②，酹
地若为誓者。"③时在明世宗之世，一贯时为首辅，文献则为詹事。

《明史·唐文献传》于此接续云：

> 文献曰："亦知公无意杀之者，第台省承风下石，而公不
> 早讫此狱，何辞以谢天下。"一贯敛容④谢之。……狱得稍解。

修短二事，贤愚一途。浩浩东风，荡涤尘埃！

---

① 澄汰：清洗，淘汰。

② 蹐踧：局促不安。

③ 见《明史·唐文献传》。

④ 敛容：收起笑容，脸色变得严肃。

定　力

谁拥有定海神针？谁能够波澜不惊？谁成就华彩乐章？

陈居仁有之亦能之。《宋史·陈居仁传》云：

> 杞（按，即魏杞）秉国柄，居仁忍贫需远次，未尝求进。虞
> 允文（按，时为兵部尚书、湖北京西制置使）欲引以为用，不
> 就。允文欲与论兵，谢不能，（居仁）退而贻书谓："有定力乃可
> 立事，若徒为大言，终必无成，幸成亦旋败。"允文为之色动。

其事在宋孝宗之世，其所言定力，竟打动人心。继之，居仁
之言规模不立，致宋孝宗不怿。《宋史》于此接续云：

> 居仁奏："陛下锐意恢复，继乃通和，和、战、守三者迄
> 今未定，孰为规模耶？"允文曰："此正前日定力之论，某今
> 益知此言之当也。"

其所言定力，竟深入人心。

徐石麒有之亦能之。明熹宗天启二年（1622），石麒登进士第，授工部营缮主事，管节慎库。《明史·徐石麒传》于此接续云：

> 魏忠贤兼领惜薪司，所需悉从库发，石麒辄持故事格①之。其党噪于庭，（石麒）不为动。

明灭，南明立，石麒为吏部尚书。

> 士英（按，即马士英）挟定策功，将图封，石麒议格之。中官田成辈纳贿请嘱，石麒悉拒不应。

其格之，其不为动；其格之，其拒不应。《明史》言其刚方清介，其有定力果如是也。

刘宰有之亦能之。《宋史·刘宰传》云：

> 宰隐居三十年，平生无嗜好，惟书靡所不读。既竭日力，犹坐以待，虽博考训注，而自得之为贵。

其事在宋理宗之世。而宰之平生，"凡可以白于有司、利于乡

---

① 格：阻止。

人者，无不为也"①。其隐居三十年，其竭日力犹待，其有定力若是，其向善若是。

唐仁祖有之亦能之。"时丞相桑哥秉政，威焰方炽，仁祖（按，时拜参议尚书省事）论议不回，屡忤桑哥，人皆危之，仁祖自若也。"② 其何以自若？

"（仁祖）迁工部尚书，桑哥以曹务烦剧特重困之，仁祖处之甚安。"③ 其何以甚安？

"（仁祖）寻出使云中，桑哥考工部织课稍缓，怒曰：'误国家岁用。'亟遣驿骑追还，就见桑哥相府中，遽命直吏拘往督工，且促其期，曰：'违期必致汝于法。'左右皆为之惧。仁祖退，召诸署长从容谕之曰：'丞相怒在我，不在尔也。汝等勿惧，宜力加勉。'众皆感激，昼夜倍其功，期未及而办，（桑哥）乃罢。"④ 其何以从容？

《元史·唐仁祖传》于此接续云：

> 已而桑哥系狱，有旨命仁祖往籍其家。明日桑哥以左右之援得释，众见骇然，目仁祖曰："怒虎之威，可再犯邪！"悉逾垣以窜，仁祖独不为之动，桑哥竟败。

① 见《宋史·刘宰传》。
② 见《元史·唐仁祖传》。
③ 见《元史·唐仁祖传》。
④ 见《元史·唐仁祖传》。

至元二十八年（1291），仁祖除翰林学士承旨、中奉大夫。辽阳饥，仁祖奉旨往赈。有人欲如户籍口数大小给之。此时仁祖曰："不可，昔籍之小口，今已大矣，可偕以大口给之。"① 力争之后，卒以大口给之。

其事在元世祖之世，其处之自若，其处之甚安，其从容谕人，其有定力若是，其思大治若是。

周亚夫有之亦能之。七国之乱，时亚夫为太尉，将兵击吴、楚。《汉纪·孝景皇帝纪》于此记亚夫如下事：

周亚夫像

吴攻梁，梁王急请救亚夫。亚夫不往。

梁王上书请救，上（按，即汉景帝刘启）诏亚夫救梁王。亚夫不奉诏，坚壁昌邑，而使其淮泗口兵绝吴饷道。

楚乏粮，挑战，亚夫终不出。

夜，军中惊，而内相攻击扰乱，至于帐下。亚夫坚卧不起。有顷，

① 见《元史·唐仁祖传》。

乃自定矣。

《汉纪》于此接续云：

> 吴夜攻菅壁东南，亚夫使为备西北。吴精兵果奔西北，不得入。吴、楚既饥乏，乃引兵去。亚夫出精兵追击，大破之。

其不往之，其不奉诏，其终不出，其坚卧不起，其有定力若是，其有战力亦若是。

发之以勇，守之以专，达之以强。[①] 定力所止，光华自见，宁有他乎！

---

① 见苏轼《思治论》。

请 命

为人请命，为民请命，不惜抵命，何耶？

请命以理，可谓明矣。元狩六年（前117）春，大将军卫青复出定襄，以击匈奴。"（右将军苏建遇单于兵）尽亡其军，独以身得亡去，自归大将军（按，即卫青）。"①

其罪何如？或曰："自大将军出，未尝斩裨将。今建弃军，可斩以明将军之威。"② 或曰："今建以数千当单于数万，力战一日余，士

卫青像

---

① 见《史记·卫将军骠骑列传》。
② 见《史记·卫将军骠骑列传》。

尽，不敢有二心，自归。自归而斩之，是示后无反意也。不当
斩。"① 卫青囚建而归。

请命以情，可谓达矣。元世祖至元十四年（1277），淮西反者
保司空山，檄淮东四郡守为应，元帅帖哥逻得其檄，即械四郡守，
使承反状，将籍其家。时焦德裕为淮东宣慰使。《元史·焦德裕
传》于此接续云：

> 德裕言："四人者，皆新降将，天子既宠绥②之，有地有
> 民，盈所望矣，方誓报效，安有他觊。奈何以疑似杀四守，
> 宁知非反间耶。"尽复其官。

请命而面折，可谓直矣。《新唐书·李日知传》云：

> 时法令严，吏争为酷，日知（按，时为司刑丞）犹平宽
> 无文致③。尝免一囚死，少卿胡元礼执不可，曰："吾不去曹，
> 囚无生理。"日知曰："仆不去曹，囚无死法。"皆以状谳，而
> 武后（按，即武则天）用日知议。

请命而犯颜，可谓质矣。隋文帝尝怒一人，将杀之，苏威入

---

① 见《史记·卫将军骠骑列传》。
② 宠绥：指帝王对各地进行抚绥。
③ 文致：舞文弄法；致人于罪。

（阁）进谏，不纳。《隋书·苏威传》于此接续云：

> 上怒甚，将自出斩之，威当上前不去。上避之而出，威
> 又遮止①，上拂衣而入。

良久，文帝召威谢曰："公能若是，吾无忧矣。"②

请命以天谴，可谓奥矣。禁中火，有司请究所起，多引宫人
属吏。时在宋真宗之世，时蒋堂为监察御史。《宋史·蒋堂传》于
此接续云：

> 堂言："火起无迹，安知非天意也，陛下宜修德应变。有
> 司乃欲归咎宫人，以之属吏，何求不可，而遂赐之死，是重
> 天谴③也。"诏原之。

请命以切直，可谓刚矣。《梁书·顾宪之传》云：

> 时司徒竟陵王（按，即萧子良，南齐武帝萧赜次子）于
> 宣城、临城、定陵三县界立屯，封山泽数百里，禁民樵采，
> 宪之（按，时为南中郎巴陵王长史，加建威将军、行婺州事）

---

① 遮止：拦阻；拦住。
② 见《隋书·苏威传》。
③ 天谴：上天所降之惩罚。

固陈不可，言甚切直。王答之曰："非君无以闻此德音。"即命无禁。

请命以命抵，可谓烈矣。青文胜为龙阳典史，时在明太祖之世。《明史·青文胜传》于此有云：

> 龙阳濒洞庭，岁罹水患，逋赋①数十万，敲扑②死者相踵。文胜慨然诣阙上疏，为民请命。再上，皆不报。叹曰："何面目归见父老！"复具疏，击登闻鼓而进，遂自经于鼓下。

其死令人扼腕，"诏宽龙阳租二万四千余石"③。其烈令人怀念，"邑人建祠祀之"④。

杀人者何？奏之者何？宋太祖建隆二年（961），李涛被病，其时为兵部尚书。《宋史·李涛传》于此有云：

> 有军校尹勋董浚⑤五丈河，陈留丁壮夜溃，勋擅斩队长陈

---

① 逋赋：未交之赋税。
② 敲扑：敲打鞭笞。
③ 见《明史·青文胜传》。
④ 见《明史·青文胜传》。
⑤ 董浚：监督疏通。

琲等十人，丁夫七十人皆杖一百，刵①其左耳。

草菅人命，凌辱百姓，当如之何？"涛闻之，力疾草奏，请斩勋以谢百姓。"且言曰："人孰无死，但我为兵部尚书，坐视军校无辜杀人，乌得不奏？"②诏削夺勋官爵，配隶许州。

人命关天，不容怠玩，赈灾迟缓，宜其伏诛也。《明史·太祖本纪二》云：

> （洪武十年五月）癸卯，振湖广水灾。丙午，户部主事赵乾振荆、蕲迟缓，伏诛。

诉讼事大，御史至重，代改状草，宜其赐死也。《明史·杨靖传》云：

> （洪武）三十年七月（左都御史杨靖）坐为乡人代改诉冤状草，为御史所劾。帝（按，即明太祖朱元璋）怒，遂赐死。

嗟乎！为命立命者，其重人之命也如是，其重己之名也如是。所谓刚亦不吐、柔亦不茹，其名重泰山也欤！轻人之命者，其轻比鸿毛也欤！

---

① 刵：割掉耳朵。
② 见《宋史·李涛传》。

严　正

严正者有备。

鲁定公十年（前 500），齐、鲁会于夹谷。

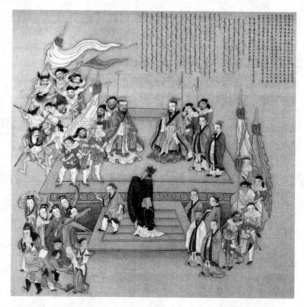

《孔子世家图册·夹谷会齐》（中国国家博物馆藏）

《史记·孔子世家》于此云：

> 孔子摄相事。曰："臣闻有文事者必有武备，有武事者必有文备。古者诸侯出疆，必具官以从。请具左右司马。"定公曰："诺。"具左右司马。

严正者无惧。《史记》于此接续云：

> 献酬之礼毕，齐有司趋而进曰："请奏四方之乐。"景公（按，即齐景公）曰："诺。"于是旄旌羽袚矛戟剑拨鼓噪而至。孔子趋而进，历阶而登，不尽一等①，举袂而言曰："吾两君为好会，夷狄之乐何为于此！请命有司！"

《史记》于此有云："有司却之，不去，则左右视晏子与景公。景公心怍②，麾而去之。"

严正者凛然。《史记》于此接续云：

> 有顷，齐有司趋而进曰："请奏宫中之乐。"景公曰："诺。"优倡侏儒为戏而前。孔子趋而进，历阶而登，不尽一等，曰："匹夫而营惑诸侯者罪当诛！请命有司！"有司加法

---

① 不尽一等：意为最后一阶还没有迈上去。尽，完也；等，阶也。
② 怍：惭愧；羞惭。

焉，手足异处①。

于是乎齐景公惧矣，于是乎侵鲁之地归矣。

杜景佺性严正，举明经中第，累迁殿中侍御史，出为益州录事参军。《新唐书·杜景佺传》于此云：

> 时隆州司马房嗣业徙州（按，即益州）司马，诏未下，欲即视事，先笞责吏以示威。景佺谓曰："公虽受命为司马，州未受命，何急数日禄邪？"嗣业怒，不听。

进耶退耶？《新唐书》于此接续云：

> 景佺曰："公持咫尺制，真伪莫辨，即欲搅乱一府，敬业（按，即李敬业，袭封英国公）扬州之祸（按，武则天临朝称制，李敬业以匡复为名，于扬州起兵反叛，兵败被诛），非此类邪？"（景佺）叱左右罢去②，既乃除（嗣业）荆州司马……

景佺所为，可谓无惧，可谓凛然。

胡樃、龙宗武杀吴仕期，法司议以谪戍。用汲时为大理少卿，

---

① 手足异处：手脚不在一处，意即杀掉。

② 叱左右罢去：呵叱左右停止行刑。

其奏驳曰：

> 按律，刑部及大小官吏，不依法律、听从上司主使、出入人罪者，罪如之。盖谓如上文，罪斩、妻子为奴、财产入官之律也。仕期之死，桢非主使者乎？宗武非听上司主使者乎？今仅谪戍，不知所遵何律也。①

用汲所言，可谓无畏，可谓凛然。其言不用，可有恨否？

严正者无备。

曹洪置酒大会，令女倡着细纱之衣，蹋鼓，一坐皆笑。《三国志·魏书·杨阜传》于此云：

> 阜（按，时为武都太守）厉声责洪曰："男女之别，国之大节，何有于广坐之中裸女人形体！虽桀、纣之乱，不甚于此。"遂奋衣辞出。洪立罢女乐，请阜还坐，肃然惮焉。

杨阜所为，可谓无畏，可谓凛然。

何充初辟大将军王敦掾，后转主簿，时在东晋元帝之世。《晋书·何充传》于此云：

> 敦兄含时为庐江郡，贪污狼藉，敦尝于座中称曰："家兄

---

① 见《明史·王用汲传》。

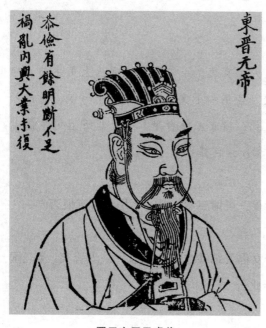

晋元帝司马睿像

在郡定佳，庐江人士咸称之。"

何充骇人。《晋书》于此接续云：

充正色曰："充即庐江人，所闻异于此。"

何充所言，可谓无畏，可谓凛然。王敦衔之，故充左迁。

寿宁侯张鹤龄兄弟出入宫禁，尝侍内庭宴。《明史·何鼎传》于此云：

帝（按，即明孝宗）如厕，鹤龄（按，孝宗张皇后弟）倚酒戴帝冠，鼎（按，即何鼎，宦官）心怒。

一怒再怒，沛然如决。《明史》于此接续云：

他日鹤龄复窥御帷，鼎持大瓜欲击之，奏言："二张大不敬，无人臣礼。"皇后（按，即张皇后）激帝怒，下鼎锦衣狱。问主使，鼎曰："有。"问为谁，曰："孔子、孟子也。"

何鼎所为，可谓无畏，可谓凛然。杖杀何鼎，孔孟有愤。

北魏末年，王昕迁东莱太守，邢卲举家就之。《北史·王宪传》附《王昕传》于此云：

> 郡人以卲是邢杲（按，起义首领，兵败被杀）从弟，会兵将执之。昕以身蔽伏其上，呼曰："欲执子才（按，邢卲字子才），当先执我。"卲乃免。

昕之严正，非止无畏，非止凛然，夺人之气，迫人于正。"武帝（按，即北魏孝武帝元脩）或时袒露，与近臣戏狎，每见昕（按，时为金紫光禄大夫），即正冠而敛容焉。"①

严正是气，气沉丹田，丹田沉郁，吐以扶正，吐以压邪，吐为忠义，不吐有恨，恨者何耶？奸邪是也。

---

① 见《北史·王宪传》附《王昕传》。

无 常

《马拉之死》(雅克·路易·大卫 1793 年绘)

人生有常，人生无常，常而无常，无常而常。

马拉①死了，巴金②读史，写出"札记"，是为《静夜的悲剧》，其中有云：

"阻止她！"我想大声叫；"马拉，当心！"我想叫。可是太迟了！我生晚了一百五十多年。

————————————

① 马拉(1743—1793)：即让-保尔·马拉，法国大革命时期民主派革命家。

② 巴金(1904—2005)：中国现代作家。《静夜的悲剧》最初发表于 1947 年 10 月 1 日《中国作家》第 1 卷第 1 号。

这位美丽的贵族少女，坐一辆破旧马车而来。她进到马拉的房子，杀死了他。巴金于此写道：

> 马拉坐在浴盆里，听她简单地告诉一些背叛革命的议员的名字。他拿着笔在记录。他完全没有想到自己的安全。匕首的当胸一击便结束了他的殉道者的一生。

马拉死了，少女上了断头台，也死了，这何其无常！
元衡之死，究为何因？《新唐书·武元衡传》云：

> 未几（元衡）入朝，出靖安里第，夜漏未尽，贼乘暗呼曰："灭烛！"射元衡中肩，复击其左股，徒御①格斗不胜，皆骇走，遂害元衡，批颅骨②持去。

一个宰相，在上朝的路上，被人刺杀了，刺客是谁？
前此不久，"王承宗（按，时为成德节度使）上疏请赦吴元济（按，时为淮西节度使），使人白事中书，悖慢不恭，元衡叱去。承宗怒，数上章诬诋"③。事后证实，贼杀武元衡者非王承宗，平卢淄青节度使李师道才是真凶。

---

① 徒御：挽车、御马之人。
② 颅骨：头盖骨，此指头颅。
③ 见《新唐书·武元衡传》。

　　元衡一生，坚正有守。李锜求见皇帝，既而称病，又不来了。《新唐书·武元衡传》于此接续云：

　　　帝（按，即唐宪宗）问宰相郑絪，絪请听之，元衡曰："不可，锜（按，时为镇海节度使）自请入朝，诏既许之，而复不至，是可否在锜。陛下新即位，天下属耳目，若奸臣得遂其私，则威令去矣。"帝然之，遽追锜。而锜计穷，果反。

　　好一个"叱去"！好一个"不可"！道出了有常，也道出了无常。武元衡力主"削藩"，众节度使由此生恨。至于谁来杀他，似乎不重要了。

商鞅塑像

　　商鞅之死，究为何因？《史记·商君列传》云：

　　　后五月而秦孝公卒，太子（按，即嬴驷，秦惠文王）立。公子虔之徒告商君（按，即商鞅）欲反，发吏捕商君。商君亡至关下，欲舍客舍。客人不知其是商君也，曰："商君之法，舍人无验者坐之。"商君喟然叹曰："嗟乎，为法之敝一至此哉！"

《古史讲义》之《先秦史讲义》（1959 年讲授），论及这一变法，张政烺如下写道："商鞅代表地主阶级的利益，建立单纯的地主政权。"好一个"单纯"！单边变法，得罪了贵族，得罪了商贾，也得罪了小生意人，其车裂而死，是早晚的了！

刘歆《新序》则写道："夫商君极身无二虑，尽公不顾私，使民内急耕织之业以富国，外重战伐之赏以劝戎士，法令必行，内不阿贵宠，外不偏疏远，是以令行而禁止，法出而奸息。"①

好一个"不阿"，好一个"不偏"！道出了有常，也道出了无常。

窦婴之死，究为何因？灌夫得罪田蚡，田蚡欲置之死地。窦婴救人不成，自己反被关押。《汉纪·孝武皇帝纪二》于此接续云：

> 婴（按，即魏其侯窦婴，时已免相）令兄子上书，幸复召见。初，景帝时，婴尝受遗诏曰："事有不便，辄以便宜上书。"案尚书②，大行（按，即汉景帝刘启）无遗诏。诏书独藏在婴家。丞相（按，即田蚡）乃奏劾婴矫先帝令，（婴）遂弃市。

好一个"案尚书"，好一个"矫先帝令"！道出了无常，也道出了有常。

---

① 见《史记·商君列传》，转引自裴骃《史记集解》。
② 案尚书：查对尚书保管的档案。

文育之死，究为何因？南陈武帝永定三年（559），余公飏、余孝劢扇动南土，周文育、周迪等讨之，豫章内史熊昙朗以兵来会。《陈书·周文育传》于此接续云：

> 迪（按，时为南陈平南将军、开府仪同三司）等败绩，文育（按，时为南陈使持节、散骑常侍、镇南将军、开府仪同三司）退据金口。熊昙朗因其失利，谋害文育，以应众爱（按，即常众爱，败周迪者）。文育监军孙白象颇知其事，劝令先之。

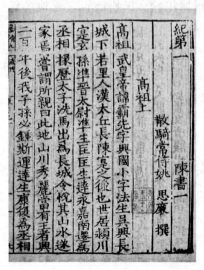

《陈书》书影

文育则曰："不可，我旧兵少，客军多，若取昙朗，人人惊惧，亡立至矣，不如推心以抚之。"①

树欲静而风不止。《陈书》于此接续云：

> 初，周迪之败也，弃船走，莫知所在，及得迪书，文育喜，赍②示昙朗，

---

① 见《陈书·周文育传》。

② 赍：把东西送人。

昙朗害之于座，时年五十一。

好一个"来会"，好一个"抚之"！道出了无常，也道出了有常。

沈瑀之死，究为何因？《梁书·沈瑀传》云：

> 天监（按，南梁武帝萧衍年号）八年，（瑀）因入咨事，辞又激厉，颖达（按，即萧颖达，时为信威将军）作色曰："朝廷用君作行事①耶？"瑀（按，时为颖达长史、江州太守）出，谓人曰："我死而后已，终不能倾侧面从。"

不幸而言中。《梁书》接续云："是日，（瑀）于路为盗所杀，时年五十九，多以为颖达害焉。"

何出此言也？先是，《梁书》即云："瑀性屈强②，每忤颖达，颖达衔之。"

好一个"屈强"，好一个"衔之"！道出了无常，也道出了有常。

发人先冢，究为何因？宁王遍赂朝贵，谋复护卫，而费宏拒却之。时宏为户部尚书、武英殿大学士，时在明武宗之世。后宏乞休归，杜门谢客。宁王复求与通，宏谢绝之。《明史·费宏传》

---

① 行事：巡察之事。
② 屈强：即倔强。

于此接续云：

> 会宏族人与邑奸人李镇等讼，宸濠（按，即宁王朱宸濠）阴令镇贼①宏。镇等遂据险作乱，率众攻费氏。索宏不得，执所与讼者支解之，发宏先人冢，毁其家，劫掠远近，众至三千人。

伍子胥像

后是，宁王反，兵败伏诛，而费宏以功名终。如此因果，道出了无常，也道出了有常。

勾践诛嚭，究为何因？吴王夫差元年（前495），以大夫伯嚭为太宰。二年，夫差悉精兵以伐越，大败之。越王勾践因嚭求和。大夫伍子胥谏，吴王不听，而听嚭，卒许越平。《史记·吴太伯世家》接续云：

（吴王夫差十四年）六月丙子，越王句践伐吴。乙酉，越

---

① 贼：杀害。

五千人与吴战。丙戌，虏吴太子友。丁亥，入吴。

于是，吴厚币与越平。吴王夫差二十年（前 476），越王勾践复伐吴。二十一年，遂围吴。二十三年十一月丁卯，越败吴。夫差自刭死。《史记》于此接续云：

> 越王灭吴，诛太宰嚭（按，即伯嚭），以为不忠，而归（越）。

吴王听嚭，越王诛嚭，道出了无常，也道出了有常。

宋弁之死，人哀之乎？孝文帝大渐，不见侍臣。《魏书·宋弁传》于此接续云：

> （孝文帝）小瘳，乃引见门下及宗室长幼诸人，入者未能知致悲泣，弁独进及御床，歔欷流涕曰："臣不谓陛下圣颜毁瘠乃尔！"由是益重之。

虽名重朝野，但其命薄矣。"高祖（按，即孝文帝）每称弁可为吏部尚书。及崩，遗诏以弁为之，与咸阳王禧（按，即元禧）等六人辅政，而弁已先卒，年四十八。"[1]

宋弁性好矜伐，好言人之短，故为时人所怨。其歔欷，其先

---

[1] 见《魏书·宋弁传》。

卒，道出了无常，也道出了有常。

隋末大乱，朱粲为盗。其常食人，及其僭号，为害尤烈。《新唐书·朱粲传》于此接续云：

> 隋著作佐郎陆从典、通事舍人颜愍楚谪南阳，粲初引为宾客，后尽食两家。

本为座上宾，却成桌上餐。知为盗乎？知食人乎？知其僭乎？何为之宾？舛误已多，遑论无常。

有常非无常，无常非无因，吾信矣夫！

有 隙

独处之时，静心深思，人之相交，可否有隙？何得而来？何得而去？
与人有隙，举刀相向，可乎？《金史·景祖昭肃皇后传》云：

> 后往邑屯村，世祖（按，即金世祖，昭肃皇后第二子）、
> 肃宗（按，即金肃宗，昭肃皇后第四子）皆从。会桓赧、散
> 达（按，皆曾侍金景祖）偕来，是时（二人）已有隙，被酒，
> 语相侵不能平，遂举刀相向。

当此之时，何以劝解？后两执其手，言辞甚切，并自作歌，
二人之怒，由此得解。
与人有隙，致人死地，可乎？《史记·张汤传》云：

> 河东人李文尝与汤有郤①，已而为御史中丞，（汤）恚，

---

① 有郤：同"有隙"。

数从中文书有可以伤汤者，不能为地。汤有所爱史鲁谒居，知汤不平，使人上蜚变①告文奸事，事下汤，汤治论杀文，而汤心知谒居为之。

后是，鲁谒居患病，张汤为其摩足，有告二人异谋者，事下廷尉。《史记·张汤传》于此接续云：

> 事下减宣（按，酷吏，汉武帝时为御史中丞）。宣尝与汤有郄，及得此事，穷竟其事，未奏也。

酷吏图（汉画像石拓片）

《史记》于此接续云："（三长史）使吏捕案汤左田信等，曰汤且欲奏请，信辄先知之，居物致富，与汤分之，及他奸事。"②

---

① 蜚变：告发急变之文书。

② 见《史记·张汤传》。

三长史者，朱买臣、王朝、边通是也，而汤常凌折之。此时，减宣奏亦上，张汤遂自杀。

"汤死，家产直不过五百金，皆所得奉赐，无他业。……载（汤尸）以牛车，有棺无椁。"① 后于是，三长史因此被诛。

致人死地，己入死地，何也？刘宋世祖刘骏驾崩，长子刘子业即位。《宋书·邓琬传》于此有云：

> 前废帝（按，即刘子业）狂悖无道，以太祖（按，即刘义隆）、世祖并第数居三②以登极位，子勋（按，即刘子勋，刘骏第三子）次第既同，深构嫌隙，因何迈（按，时为宁朔将军）之谋，乃遣使赍药赐子勋死。

于是乎异母弟刘子勋起兵，于是乎其叔父刘彧向阙，于是乎刘宋皇帝刘子业被弑被废。

致人死地，己入死地，何也？隙或由己，非由他人。《梁书·康绚传》云：

> 初，（淮水）堰起于徐州界，刺史张豹子宣言于境，谓己必尸③其事。既而绚（按，即康绚）以他官来监作，豹子甚

---

① 见《史记·张汤传》。

② 第数居三：排行第三。

③ 尸：执掌，主持。

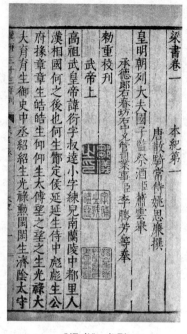

《梁书》书影

惭。俄而敕豹子受绚节度，每事辄先咨焉，由是遂谮绚与魏交通，高祖（按，即南梁武帝萧衍）虽不纳，犹以事毕征绚。

恨达于人，事坏于己。《梁书》于此接续云：

绚还后，豹子不修堰，至其秋八月，淮水暴长，堰悉坏决，奔流于海。祖暅（按，时为材官将军）坐下狱。

致人险地，己入险地，何也？因隙构隙，嫌隙深矣。《左传·定公六年》云：

二月，公侵郑取匡（按，郑地），为晋讨郑之伐胥靡（按，周地）也。往不假道于卫；及还，阳虎使季孟自（卫都）南门入，出自（卫都）东门，舍于豚泽（按，卫都之东门外）。卫侯（按，即卫灵公）怒，使弥子瑕追之。

鲁卫之隙，盖由阳虎。《左传》于此处，言"天将多阳虎之罪以毙之"，信否？

《左传》于此接续云："夏，季桓子如晋，献郑俘（按，即取匡之俘）也。阳虎强使孟懿子往（晋）报夫人之币①。晋人兼享之。"

杜预《春秋经传集解》于此释曰："虎欲困辱三桓（按，即季孙、叔孙、孟孙，皆鲁庄公后代），并求媚于晋，故强使正卿报晋夫人之聘。"进而释曰："贱鲁，故不复两设礼，明《经》（按，即《春秋》）所以不备书。"

晋之贱鲁，盖由阳虎。《左传》于此处，言"鲁人患阳虎矣"，信矣夫！

后是，阳虎乱鲁叛鲁，奔齐困齐，奔晋困晋，不复返鲁矣。《左传》于此处，言阳虎"奋其诈谋"，言阳虎"亲富不亲仁"，信矣夫！

私生隙，隙生恨，恨而妄，妄而灭。嫌隙生处，心中皆恨，扭曲之况，何可尽道？

隙而间义，十年不进，憾矣哉，痛矣哉！隋文帝之时，广平王杨雄势倾朝野，右卫将军庞晃每陵侮之。《北史·庞晃传》于此有云：

　　……雄甚衔之（按，即庞晃）。（晃）复与高颎有隙。二人屡谮晃，由是（晃）宿卫十余年，官不得进。

_____

① 报夫人之币：给晋定公夫人送礼物。

唐浙西观察使卫国公李公德裕

卫公佐唐 经纶满腹 明伦敦教 南人受福

李德裕石刻像

隙而间义，不次拔擢，憾矣哉，痛矣哉！唐文宗之世，马植为黔中观察使。唐武宗之世，植入为大理卿。以其久在边远，及还朝，不获显官，心微有望，宰相李德裕素不重之。《旧唐书·马植传》于此接续云：

> 宣宗（按，即唐宣宗李忱）即位，宰相白敏中与德裕（按，时已外放为荆南节度使）有隙，凡德裕所薄者，必不次①拔擢之。乃加植金紫光禄大夫，行刑部侍郎，充诸道盐铁转运使。

隙而间义，主帅自缢，憾矣哉，痛矣哉！《宋史·田钦祚传》有云：

---

① 不次：不依寻常次序，犹言破格。

钦祚（按，时为晋州都钤辖，当宋太宗朝）性刚戾负气，多所忤犯，与主帅郭进不协。进战功高，屡为钦祚所陵，心不能甘，遂自缢死。

隙不间义，萧规曹随，鲜矣哉，美矣哉！《史记·曹相国世家》有云：

参（按，即曹参）始微时，与萧何善；及为将相，有郤①。至何且死，所推贤唯参。参代何为汉相国，举事无所变更，一遵萧何约束。

陵而死，谁之过？代为相，谁之功？

隙不间义，救而不言，鲜矣哉，美矣载！赵煚与斛斯征不协，时征为齐州刺史，坐事下狱，逾狱而走。北周武帝大怒，购之甚急。《北史·赵煚传》于此接续云：

煚（按，时为御正上大夫）密奏曰："征自以罪重，惧死遁逃，若不北走匈奴，则南奔吴越。征虽愚陋②，久历清显，奔彼敌国，无益圣朝。今炎旱为灾，可因兹大赦。"

---

① 有郤：即"有隙"。
② 愚陋：愚钝浅陋。

周武从之，征赖得免，而㵾终不言。

隙不间义，卒相善遇，鲜矣哉，美矣载！安国为梁孝王中大夫，坐法抵罪，蒙县狱吏田甲辱之。《史记·韩长孺列传》于此记二人对话：

> 安国（按，字长孺）曰："死灰独不复然①乎？"田甲曰："然即溺之。"

居无何，安国拜梁内史、二千石，甲因亡走。安国诈灭其宗，甲肉袒谢之。《史记》于此接续云：

> 安国笑曰："可溺矣！公等足与治乎？"卒善遇之。

立之以私，有隙难解；立之以公，有隙得解。人生短暂，人性永恒，宽处为路，何走窄处！

---

① 然：同"燃"。

如 仇

泉企事北魏，清约廉慎，每除一官，忧见颜色。其于黑恶，刚猛有加。《周书·泉企传》于此有云：

> （孝庄帝永安中）部民杨羊皮，太保椿（按，即杨椿）之从弟，恃托椿势，侵害百姓。守宰多被其凌侮，皆畏而不敢言。企（按，时为东雍州刺史）收而治之，将加极法，于是杨氏惭惧，宗族诣阁请恩。

自此之后，豪右屏迹，无敢犯者。后于此，"蜀民张国隽聚党剽劫，州郡不能制，企命收而戮之，阖境清肃"①。

其疾恶如仇，不亦可乎？其仕而有忧，不亦可乎？

《晋书·秦秀传》云："秀性忌谗佞，嫉之如仇，素轻鄙贾充，及伐吴之役，闻其为大都督，谓所亲者曰：'充文案小才，

---

① 见《周书·泉企传》。

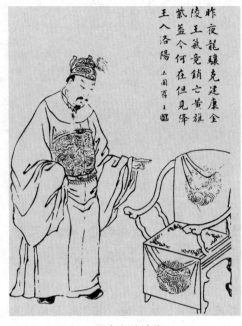

昨夜龍驤克建康
金陵王氣竟銷亡
黃旗紫蓋今何在
但見降王入洛陽

吴末主孙皓像

乃居伐国大任，吾将哭以送师。'"

有劝之者曰："昔蹇叔知秦军必败，故哭送其子耳。今吴君（按，即孙皓，东吴末代君主）无道，国有自亡之形，群率践境，将不战而溃。子之哭也，既为不智，乃不赦之罪。"① 秦秀乃止。

《晋书》于此接续云："及孙皓降于王濬，充未之知，方以吴未可平，抗表请班师。充表与告捷同至，朝野以充位居人上，智出人下，佥②以秀为知言。"

秦秀悻直，与物多忤，为博士二十年，卒于官。其嫉佞如仇，不亦可乎？其仕而不显，不亦可乎？

金宣宗初年，有诬宗室完颜从坦杀人者，欲置之死地，人不敢言其冤。马肩龙上书有言：

---

① 见《晋书·秦秀传》。
② 佥：全；都。

从坦有将帅材，少出其右者，臣一介书生，无用于世，愿代从坦死，留为天子将兵。①

《金史·马肩龙传》于此接续云："书奏，诏问：'汝与从坦交分厚欤？'肩龙对曰：'臣知有从坦，从坦未尝识臣。从坦冤人不敢言，臣以死保之。'"宣宗由此感悟，从坦因此被赦。

正大四年（1227），元兵西来，德顺节度使爱申招之谋守，人劝勿往。肩龙曰："爱申平生未尝识我，一见许为知己。我知德顺不可守，往则必死，然以知己故，不得不为之死耳。"②肩龙果往，同死于难。

其疾非如仇，不亦可乎？其两度申死，不亦可乎？

知謇历高宗、中宗、睿宗、武后、玄宗，卒年八十。其明晓吏治，其清介有守。《新唐书·张知謇传》于此有云：

知謇敏且亮，恶请谒求进，士或不才冒

唐玄宗李隆基像

① 见《金史·马肩龙传》。

② 见《金史·爱申传》。

位，视之若仇。每敕子孙"经不明不得举"，家法可称云。

视之如仇，不亦可乎？敕之子孙，不亦可乎？

王来居官廉，练达政事。侍郎于谦抚山西，亟称其才。时在明英宗之世，时来为山西左参政。《明史·王来传》于此接续云：

> 而来执法严，嫉恶尤甚，以公事杖死县令不职者十人。逮下狱，当徒。遇赦，以原官调补广东。来自此始折节为和平，而政亦修举①。

嫉之如仇，不亦可乎？折节向平，不亦可乎？

《明史·胡世宁传》云："（世宁）疾恶若仇，而荐达贤士如不及。都御史马昊、陈九畴坐累废，副使施儒、杨必进考察被黜，御史李润、副使范辂为时所抑，连章荐之。"

如仇者，疾如不及，爱如不及，明如不及。

----

① 修举：事务处理及时、得当。

弘　雅

弘雅在高处，高处不胜寒。

《周书·独孤信传》言信有弘雅之美。《周书》于此记其秦州之事：

> （信）尝因猎日暮，驰马入城，其帽微侧。诘旦①，而吏民有戴帽者，咸慕信而侧帽焉。其为邻境及士庶所重如此。

弘雅之美传，夺命之令见。

> 赵贵（按，北周楚国公，谋除权臣宇文护，被诛）诛后，信以同谋坐免。居无几，晋公护（按，即宇文护）又欲杀之，以其名望素重，不欲显其罪，逼令自尽于家。时年五十五。②

---

① 诘旦：平明，清晨。

② 见《周书·独孤信传》。

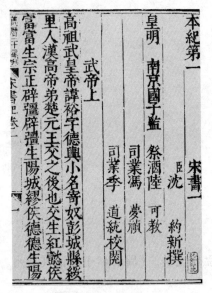

《宋书》书影

《宋书·柳元景传》言元景有弘雅风度。《宋书》于此有云：

> 时在朝勋要，多事产业，唯元景独无所营。南岸有数十亩菜园，守园人卖得钱二万送还宅，元景曰："我立此园种菜，以供家中啖尔，乃复卖菜以取钱，夺百姓之利邪。"以钱乞守园人。

弘雅风度传，血光之灾见。"（前废帝）先称诏召元景，左右奔告兵刃非常，元景知祸至，整朝服，乘车应召。出门逢弟车骑司马叔仁，戎服率左右壮士数十人欲拒命，元景苦禁之。既出巷，军士大至，下车受戮，容色恬然，时年六十。"①

《旧唐书·李玄道传》言玄道雅而有识。隋末大乱，李密据洛口，引玄道为记室。及密破，玄道为王世充所执。《旧唐书》于此接续云：

> 是时，同遇囚俘者并惧死，达曙不寐，唯玄道颜色自若，

① 见《宋书·柳元景传》。

曰："死生有命，非忧能了。"同拘者雅推其识量①。及见世充，举措不改其常。

其雅而有识，其大难不死。"世充素知其名，益重之，释缚以为著作佐郎。"②

《明史·杨溥传》言溥有弘雅之操。《明史》于此，记其为相之事：

杨溥像

（溥）性恭谨，每入朝，循墙而走。诸大臣论事争可否，或至违言。溥平心处之，诸大臣皆叹服。

弘雅之操传，诟病之议随。杨溥卒，后起者争暴其短，"以为依

① 识量：识度。
② 见《旧唐书·李玄道传》。

违中旨，酿成贼奄之祸（按，即土木堡之变，明英宗被俘），亦过刻之端也"①。

《宋史·李崇矩传》言崇矩有弘雅之量。其纯厚寡言，其重然诺。《宋史》于此有云：

> 尝事史弘肇（按，后汉归德军节度使、中书令），及贵，见其子孙，必厚礼之，振其乏绝。在岭海（按，崇矩时为琼、崖、儋、万四州都巡检使）四五年，恬不以炎荒婴虑②。旧涉海者多舣舟以俟便风，或旬余，或弥月，崇矩往来皆一日而渡，未尝留滞，士卒僮仆随者皆无恙。

> 弘雅之量传，难言之隐伴。其不欲以子尚宋太祖女，而又以女妻赵普子，太祖皆不悦之。

宋太祖赵匡胤像

---

① 见《明史·杨溥传》。
② 婴虑：担心。

　　有郑伸者，客崇矩门下仅十年，性险诐①无行，崇矩待之渐薄。伸衔之，因上书告崇矩阴事。崇矩不能自明。②

　　仁爱之行见，弘雅之度传。王盟乃北周明德皇后之兄，明德皇后乃北周文帝宇文泰之母。《北史·王盟传》于此有云：

　　　　盟姿度弘雅，仁而泛爱。虽居师傅（按，时为太傅，时在西魏文帝之世），礼冠群后，而谦恭自处，未尝以势位骄人。

　　容人之量显，弘雅之度传。《明史·聂大年传》云：

　　　　始，尚书王直（按，时为吏部尚书，时在景泰帝之世）以诗寄钱塘戴文进索画，自序昔与文进交，尝戏作诗一联，至是十年始成之。

　　翰林聂大年论之曰："公（按，即王直）爱文进之画，十年不忘。使以是心待天下贤者，天下宁复有遗贤哉。"③《明史》于此接续云：

---

①　险诐：邪恶不正。
②　见《宋史·李崇矩传》。
③　见《明史·聂大年传》。

直闻其言，不怒亦不荐。及大年疾笃，作诗贻直，有"镜中白发孰怜我，湖上青山欲待谁"句，直曰，"此欲吾志其墓耳"，遂为之志。

呜呼，其生也弘雅，其死也弘雅；其顺也弘雅，其逆也弘雅；其刚也弘雅，其柔也弘雅。弘雅之于人，难易可知矣！

知　人

唐德宗贞元元年，策贤良方正，时鲍防为礼部侍郎，得穆质、裴复、柳公绰等，世美防之知人。《新唐书·鲍防传》于此接续云：

> 时比岁旱，策问阴阳祲沴①，质（按，即穆质）对："汉故事，免三公，卜式（按，汉武帝时大臣）请烹弘羊（按，即桑弘羊，汉武帝时大臣，善理财）。"指当时辅政者。

质言可谓重矣，他人当如何言？鲍防当如何言？《新唐书》于此接续云：

> 右司郎中独孤恼欲下质，防不许，曰："使上闻所未闻，

---

① 祲沴：犹祲氛，邪恶之气。

不亦善乎？"卒置质高第，帝（按，即唐德宗李适）见策嘉揖①。

于此可见，知人者善任人，亦善营护人。

汉景帝为太子，召文帝近臣饮酒，独卫绾称疾不行。《汉纪·孝景皇帝纪》于此接续云：

> 及上（按，即汉景帝刘启）即位，将幸上林，诏绾（按，时为中郎将）参乘。上谓绾曰："今君知所以参乘乎？乃我为太子时，召君不来，故文皇帝有遗言曰：'绾，长者，善遇之。'"

《汉纪》于后有记，绾后迁太子太傅，再迁御史大夫，再迁为丞相。于此可见，知人者善察人，亦善思人言。

南陈废帝即位，右卫将军韩子高谋反。毛喜曰："（陈顼）宜简选人马，配与子高，并赐铁炭，使修器甲。"②

《陈书·毛喜传》于此接续云：

> 高宗（按，即陈顼，时为骠骑将军，录尚书辅政）惊曰："子高谋反，即欲收执，何为更如是邪？"

---

① 嘉揖：非常赞赏。
② 见《陈书·毛喜传》。

本与虎谋皮，何为虎添翼？毛喜答曰："山陵（按，南陈世祖陈蒨丧事）始毕，边寇尚多，而子高受委前朝，名为杖顺①，然甚轻狷，恐不时授首②，脱其稽诛③，或愆④王度。宜推心安诱，使不自疑，图之一壮士之力耳。"

陈顼然之，其计卒行。喜时为顼谘议参军。陈顼即位，喜除给事黄门侍郎，兼中书舍人，典军国机密。

南陈伐北周，得淮南之地。陈顼问喜：

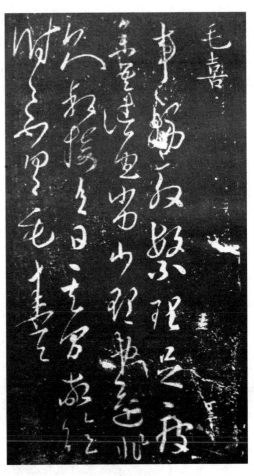

毛喜书法

---

① 杖顺：依从，顺从。
② 授首：臣服。
③ 稽诛：稽延讨伐。
④ 愆：错过。

"我欲进兵彭、汴，于卿意如何？"喜不同之，陈顼不从，果败。

于是，陈顼谓喜曰："卿之所言，验于今矣。"于是，高宗谓人曰："不用毛喜计，遂令至此，朕之过也。"

于此可见，知人者善与人谋，亦善思己过。

赵禹因廉为令史，事太尉周亚夫，时在汉景帝之世。《史记·赵禹传》云：

> 亚夫为丞相（按，时在汉景帝之世），禹为丞相史，府中皆称其廉平。然亚夫弗任①，曰："极知禹无害，然文深②，不可以居大府。"

后于是，汉武帝以为能，禹迁太中大夫。"与张汤（按，时为御史大夫，酷吏）论定诸律令，作见知③，吏传得相监司。用法益刻，盖自此始。"④

于此可见，知人者知人之长，亦知人之短。

于此，可记《宋史》二人之事。其一吕蒙正事。

> 上（按，即宋真宗赵恒）谓蒙正曰："卿诸子孰可用？"

---

① 任：信任。

② 文深：深文周纳，以入人罪。

③ 见知：即"见知法"。

④ 见《史记·赵禹传》。

对曰："诸子皆不足用。有侄夷简，任颍州推官，宰相才也。"夷简由是见知于上。①

吕夷简日后果为相矣。

其二黄履事。

元丰（按，宋神宗年号）中，（之邵）改大理评

吕蒙正像

事，御史中丞黄履荐为监察御史。未几，（之邵）买倡家女为妾，履劾其污行，（之邵）左迁将作丞。②

观其生平，之邵确奸谲焉。

于此可见，知人者非止举亲，亦非止举人。

后唐明宗时，以宰相任圜保荐，张遵诲得授西都副留守、知留守事、京兆尹，后拜客省使、守卫尉卿。但其一官不调，竟郁

---

① 见《宋史·吕蒙正传》。

② 见《宋史·来之邵传》。

闷致死，何也？《旧五代史·张遵诲传》于此有云：

> 及（明宗）将有事于南郊，（遵诲）为修仪仗法物使。初，遵诲自以历位尹正，与安重诲（按，时为侍中兼中书令，诬杀宰相任圜）素亦相款，衷心有望于节钺，及郊禋①毕，止为绛州刺史，郁郁不乐。离京之日，白衣乘马于隼旟之下，至郡无疾，翌日而卒。

人之于世，不可不知人，不可妄知人，不可妄为知。

---

① 郊禋：祭天之仪式。

躁 进

（大和五年八月）辛未，贬刑部员外郎舒元舆为著作郎。元舆累上表请自效，并进文章，朝议责其躁进也。①

（大和五年二月）丁卯，紫宸（按，即紫宸殿）奏事，宰相路随至龙墀，仆于地，令中人掖之。翌日，（随）上疏陈退，识者嘉之。②

同在唐文宗之世，其一躁进，其一陈退；其一责之，其一嘉之。何其相反若是！

希甫（按，即萧希甫，时在后唐明宗之世）拜左散骑常侍，躁进尤甚，引告变人李筠夜扣内门，通变书云："修堤兵

---

① 见《旧唐书·文宗本纪下》。
② 见《旧唐书·文宗本纪下》。

士，欲取郊天日举火为叛。"安重诲（按，时为侍中兼中书令）不信之，斩告变者，军人诉屈，请希甫啖之①。②

既而诏书下达，言其"身处班行，职非警察，辄引凶狂之辈，上陈诬詉③之词，逼近郊禋，扇摇军众"。故而希甫被贬，卒于贬所。

后唐庄宗李存勖像

后唐庄宗之世，贾馥所莅有能政，以鸿胪卿致仕。

> 复归镇州，结茅于别墅，自课儿孙耕牧为事。……性恬淡，与物无竞……④

同在后唐之世，其一躁进，其一恬淡；其一贬卒，其一善终。何其相反若是！

纵能得逞，鄙之而已，何可道哉！唐文宗开成元年（836），

---

① 请希甫啖之：要吃掉萧希甫。
② 见《旧五代史·萧希甫传》。
③ 詉：曲；枉。
④ 见《旧五代史·贾馥传》。

王彦威拜户部侍郎，寻判度支，心希大用。《旧唐书·王彦威传》于此有云：

> 先是左右神策军多以所赐衣物于度支中估，判使多曲从，厚给其价。开成初，有诏禁止……

《旧唐书》于此言彦威："至是，彦威大结私恩，凡内官请托，无不如意，物议鄙其躁妄。"

其后续何？"会边军上诉衣赐不时，兼之朽故。宰臣恶其所为，令摄度支人吏付台推讯①。"② 故而，彦威左授卫尉卿。

此躁进也若斯，彼如意也若斯，人间之悲欢事，何其恍然如是耶！

纵能得逞，一哂而已，何可道哉！《旧五代史》言胡装，分外有神："时四镇幕宾皆金紫，装（按，时为检校员外郎）独耻银艾③。十七年，庄宗自魏州之德胜，与宾僚城楼饯别，既而群僚离席，装独留，献诗三篇，意在章服。"④

此一场景，当如之何？《旧五代史》于此接续云："庄宗举大钟属装曰：'员外能釂⑤此乎？'装饮酒素少，略无难色，为之一

---

① 推讯：审问。
② 见《旧唐书·王彦威传》。
③ 银艾：银印青绶也，以艾草染之，故曰。
④ 见《旧五代史·胡装传》。
⑤ 釂：喝酒干杯。

举而醮，庄宗即解紫袍赐之。"

此躁进也若斯，彼激劝也若斯，人间之悲喜剧，何其精彩之甚！

身在宦海，躁进随之，平稳几何？凶险几何？《旧唐书·韦述传》下之《萧颖士传》云：

> （唐玄宗）开元二十三年登进士第，考功员外郎孙逖称之于朝。（颖士）褊躁无威仪，与时不偶①，前后五授官，旋即驳落②。（唐肃宗）乾元初，终于扬府功曹。

其授官可谓多矣，其躁进亦紧随之，其于宦海沉浮，其一生不亦悲夫！

封禅泰山，唐高宗有之。升山之后，先封玉册，后于社首山，祀皇帝祇，如方丘之礼。《新唐书·礼乐四》于此接续云：

> ……以太穆皇后（按，唐太宗生母）、文德皇后（按，唐高宗生母）配，而以皇后武氏为亚献，越国太妃燕氏（按，唐太宗妃嫔，武则天姨表姐）为终献，（唐高宗）率六官以登，其帷帟③皆锦绣。群臣瞻望，多窃笑之。

---

① 不偶：不遇；不合。
② 驳落：颜色斑驳，此处意为黜退。
③ 帷帟：犹帷幄。

唐高宗李治像（法门寺壁画）

封禅非常祀，有时而行之。皇帝封禅，六宫尽随，一路锦绣，人间之庄严事，何其滑稽若斯！

反　躬

省身何省？反其躬、端其思、正其行、若赤子、合人伦是也。

邓愈闻过，惊而谢。朱元璋平武昌，使邓愈徇江西。《明史·邓愈传》于此云：

其徇①安福（按，隶江西）也，部卒有虏掠者。判官潘枢入谒，面责之。愈惊起谢，趣下令掠民者斩，索军中所得子女尽出之。

邓愈闻变，鞭而徇。《明史》接续有云：

枢（按，即潘枢）因闭置空舍中，自坐舍外，作糜食之。卒有谋乘夜劫取者，愈鞭之以徇②。

---

① 徇：巡行。

② 徇：示众。

其反躬，其端思，若赤子也，合人伦也。

外司请以傭度，萧秀给船而已。天监六年（507），安成康王萧秀出为使持节、都督江州诸军事、平南将军、江州刺史。《梁书·萧秀传》于此有云：

> 时盛夏水泛长，津梁断绝，外司请以旧傭度①，收其价直。秀教曰："刺史不德，水潦为患，可利之乎！给船而已。"

其反躬，其行正，若赤子也，合人伦也。

忽必烈反躬，言如赤子，行得其正。《元史·姚枢传》云：

> （元宪宗）壬子夏，（枢）从世祖（按，即忽必烈）征大理，至曲先脑儿之地。夜宴，枢陈宋太祖遣曹彬取南唐不杀一人、市不易肆事。明日，世祖据鞍呼曰："汝昨夕言曹彬不杀者，吾能为之，吾能为之！"

《元史》于此接续云：

> 枢马上贺曰："圣人之心，仁明如此，生民之幸，有国之福也。"明年，师及大理城，饬枢裂帛为旗，书止杀之令，分号街陌，由是民得相完保。

---

① 傭度：同"傭渡"，谓雇船而渡。

反躬端思，可一以贯之。《元史·世祖本纪》云：

（至元二十九年五月）丁未，中书省臣言："妄人冯子振尝为诗誉桑哥（按，时为宰相），且涉大言，及桑哥败，即告词臣撰碑引谕失当，国史院编修官陈孚发其奸状，乞免所坐遣还家。"

元世祖忽必烈像

《元史》于此接续云："帝（按，即元世祖忽必烈）曰：'词臣何罪！使以誉桑哥为罪，则在廷诸臣，谁不誉之！朕亦尝誉之矣。'诏以杨居宽、郭佑死非其罪，给还其家资。"

介子推反躬，言如赤子，行得其正。晋之初定，未及遍赏，己不言禄，禄亦不及。《史记·晋世家》于此接续云：

推曰："献公子九人，唯君（按，即晋文公重耳）在矣。惠（按，即晋惠公）、怀（按，即晋怀公）无亲，外内弃之；天未绝晋，必将有主，主晋祀者，非君而谁？天实开之，二三子以为己力，不亦诬乎？窃人之财，犹曰是盗，况贪天之功以为己力乎？

下冒其罪，上赏其奸，上下相蒙，难与处矣！"

晋文公反躬，言如赤子，行得其正。介子推无赏，从者怜之，悬书宫门。其书曰："龙欲上天，五蛇为辅。龙已升云，四蛇各入其宇，一蛇独怨，终不见处所。"①

《晋文公复国图》（局部）（宋李唐绘）

《史记·晋世家》于此接续云："文公出，见其书，曰：'此介子推也。吾方忧王室，未图其功。'使人召之，则亡。遂求所在，

闻其入绵上山中，于是文公环绵上山中而封之，以为介推田，号曰介山，'以为吾过，且旌①善人'。"

屈突通之言行，促隋文帝之反躬。《新唐书·屈突通传》云：

> 文帝命覆陇西牧簿，得隐马二万匹，帝怒，收太仆卿慕容悉达、监牧官史千五百人，将悉殊死。

娄师德像

《新唐书》于此接续云："通曰：'人命至重，死不复生。陛下以至仁育四海，岂容以畜产一日而戮千五百士？'帝叱之，通进顿首曰：'臣愿身就戮，以挺众死。'帝（按，即隋文帝杨坚）寤……"

娄师德之言行，促狄仁杰之反躬。仁杰未入相时，师德尝荐之，及为宰相，不知师德荐己，屡排之，令充外使。《旧唐书·

---

① 旌：表也。

娄师德传》于此接续云：

> 则天（按，即武则天）尝出师德旧表示之，仁杰大惭，
> 谓人曰："吾为娄公所含如此，方知不逮①娄公远矣。"

唐太宗之诫言，促柳亨之反躬。唐高祖之世，柳亨妻殿中监
窦诞女，即高祖之外孙也。唐太宗之世，亨拜银青光禄大夫，行
光禄少卿。《旧唐书·柳亨传》于此有云：

> 太宗每诫之曰："与卿旧亲，情素兼宿②，卿为人交游过多，
> 今授此职，宜存简静。"

《旧唐书》接续有言：亨自此后，杜绝宾客，约身节俭，勤于
职事，善终谥敬。

葬母者之纠结，促阮裕之反躬。《晋书·阮裕传》云："（裕）
在剡（按，即剡县，时裕去职居此）会有好车，借无不给。有人
葬母，意欲借而不敢言。后裕闻之，乃叹曰：'吾有车而使人不敢
借，何以车为③！'遂命焚之。"

---

① 不逮：比不上，达不到。

② 兼宿：久远，深厚。

③ 何以车为：还要这车有什么用。

卫懿公像

阮裕有车而焚之，其责己可谓深矣。卫懿公好鹤而求人，其反躬可谓浅矣。卫懿公即位，好鹤，淫乐奢侈。《史记·卫康叔世家》于此接续云：

> （卫懿公）九年，翟（按，即夷狄）伐卫，卫懿公欲发兵，兵或畔①。大臣言曰："君好鹤，鹤可令击翟。"翟于是遂入，杀懿公。

反躬者自省，自省者自励，自励者自强。嗟乎，反躬之所被，言行之所止，郁郁乎文哉②！

---

① 畔：同"叛"。

② 见《论语·八佾》。原文为："子曰：周监于二代，郁郁乎文哉！吾从周。"

存 正

崇德莫大乎安身，安身莫尚乎存正，存正莫重乎无私，无私莫深乎寡欲。①

《宋史·刘一止传》云："一止冲淡寡欲，尝诲其子曰：'吾平生通塞，听于自然，唯机械②不生，故方寸自有乐地。'"

举其事一。"七岁能属文，试太学，有司欲举八行（按，以八行科取士），一止曰：'行者士之常。'不就。"

举其事二。"考两浙类试，以科举方变，欲得通时务者，同列皆患无其人，一止（按，时为秘书省校书郎）出一卷曰：'是宜为首。'启号乃张九成（按，南宋高宗时经学家、政治家）也，众皆厌服③。"

举其事三。"徐伟达者，尝事张邦昌（按，伪楚皇帝，金立

---

① 语出潘尼《安身论》，见《晋书·潘尼传》。
② 机械：枉梏，束缚。
③ 厌服：信服；心服。

之）为郎，得知池州，一止（按，时为给事中）曰：'伟达既事伪廷，今（高宗）付以郡，无以示天下。'"

当政忌之，一止罢官。"后八年，（一止）请老，复职，致仕。秦桧（按，南宋高宗时宰相，奸臣）死，召至国门，以病不能拜，力辞，进直学士，致仕。卒年八十三。"

其不就之，其出一卷，其谏止之，其存正焉。唯其存正，行得无私，致仕善终，岂非寡欲也哉！

乐恢有言："何忍素餐①立人朝乎！"② 其言朝政之失，在大臣专朝，势去公室。其言当今之急，在上宜以义自割，下宜以谦自别。时恢为尚书仆射，时在东汉和帝之世。举三事以言其正。

其一曰："恢为人廉洁抗厉③，衡阳侯阴就闻，以礼请之，恢绝不答。"④

其二曰："杜陵人杨正尝毁恶⑤恢，然举正子为孝廉。"⑥

其三曰："恢善颍川杜安，安上书，得为巴郡太守。遣使赂恢书，恢不就，答之曰：'干主求禄，非平生操也。'"⑦

其绝而不答，其举仇人子，其拒而不就，其存正焉。唯其存

---

① 素餐：不劳而食；无功受禄。

② 见《后汉纪·孝和皇帝纪上》。

③ 抗厉：高尚严正。

④ 见《后汉纪·孝和皇帝纪上》。

⑤ 毁恶：诋毁。

⑥ 见《后汉纪·孝和皇帝纪上》。

⑦ 见《后汉纪·孝和皇帝纪上》。

正，行而寡欲，行得无私，故有廉洁，故有抗厉。

《明史·张悦传》云："成化（按，明宪宗年号）中（悦）出为江西佥事，改督浙江学校。力拒请托，校士不糊名，曰：'我取自信而已。'"

《明史》于此接续云："（悦）迁四川副使，进按察使。遭丧，服阕①补湖广。王府承奉张通纵恣，悦绳以法。及入觐，中官尚铭督东厂，众竞趋其门，悦独不往。铭衔甚，伺察无所得。"

其取自信，其绳人法，其独不往，其无私焉。唯其无私，行得乎正，无可以察，岂非寡欲也哉！

《后汉书·皇甫规传》云："其年（按，东汉桓帝延熹五年）冬，（规）征还拜议郎。论功当封。而中常侍徐璜、左悺欲从求货，数遣宾客就问功状，规终不答。"

先是，"规（按，时为中郎将，持节监关西兵）出身数年，持节为将，拥

皇甫规像

---

① 服阕：父母死后，服丧三年，期满释服。

立众功，还督乡里，既无它私惠，而多所举奏，又恶绝宦官，不与交通，于是中外并怨，遂共诬规货赂①群羌，令其文降②"③。

至是，"璜等忿怒，陷以前事，下之于吏。官属欲赋敛请谢，规誓而不听，遂以余寇不绝，坐系廷尉，论输左校。……会赦，归家"④。规年七十一卒。

其终不答之，其誓而不听，其多所举奏，其不与交通，其寡欲焉。唯其寡欲，行存乎正，得以善终，岂非无私也哉！

《魏书·崔挺传》云："掖县有人，年逾九十，板舆⑤造州（按，

度遼將軍皇甫規中郎將張奐招之連年既降又叛桓
帝詔問頍曰先零東羌造惡反逆而皇甫規張奐各擁
彊衆不時輒定欲令頍移兵東討未識其宜可參思術
罣頍上言曰臣伏見先零東羌雖數叛逆而降於皇甫
規者已二萬許落善惡既分餘寇無幾今張奐躊躇久
不進者當慮外離內合兵往必驚且自冬踐春屯結不
散人畜疲羸有自亡之勢欲便招降坐制彊敵爾臣以
為狼子野心難以恩納勢窮雖服兵去復動惟當長予

《后汉书·皇甫规传》书影

---

① 货赂：财物，犹贿赂。

② 令其文降：使他们诈降。

③ 见《后汉书·皇甫规传》。

④ 见《后汉书·皇甫规传》。

⑤ 板舆：古代一种用人抬的代步工具，多为老人乘坐。

即光州）。自称少曾充使林邑，得一美玉，方尺四寸，甚有光彩，藏之海岛，垂六十岁。忻逢明治，今（按，时在北魏孝文帝之世）愿奉之。"

《魏书》于此接续云："挺（按，时为光州刺史）曰：'吾虽德谢古人，未能以玉为宝。'遣船随取，光润果然。竟不肯受，仍表送京都。"

其不肯受，其送京都，其不以为宝，其寡欲焉。唯其寡欲，行得无私，岂非存正也哉！

寡欲存正，行有芳香。张易之幸臣，诬魏元忠有不臣语，引张说为验，将廷辩，说惶遽。《新唐书·宋璟传》于此接续云：

宋璟像

　　璟（按，时为凤阁舍人，时在则天皇帝之世）谓说（按，时为凤阁舍人）曰："名义至重，不可陷正人以求苟免。缘此受谪，芳香多矣。若不测者，吾且叩阁救，将与子偕死。"说感其言，以实对，元忠（按，时为御史大夫）免死。

多欲存私，行有污秽。《新唐书·王翰传》云：

> （翰）家畜声伎，目使颐令①，自视王侯，人莫不恶之。说（按，即张说，睿宗、玄宗时宰相）罢宰相，翰出为汝州长史，徙仙州别驾。（翰）日与才士豪侠饮乐游畋，伐鼓穷欢，坐贬道州司马，卒。

前于此，《新唐书》言其恃才傲物，言其自歌舞以悦权贵。其于寡欲何，其于无私何，其于存正何！

---

① 目使颐令：犹颐指气使。

通　物

通物者善导，善导者通物，通达物性，循而导之，立于仁恕，而超乎仁恕。

范乔栖志穷巷，清白寒素。《晋书·范乔传》于此有云：

初，乔（按，时在西晋末年）邑人腊夕盗斫其树，人有告者，乔阳不闻，邑人愧而归之。乔往喻曰："卿节日取柴，欲与父母相欢娱耳，何以愧为！"其通物善导，皆此类也。

阳不闻，何耶？往喻之，何耶？仁恕而外，通物而已。

韩昉秉性仁厚，待物以宽。《金史·韩昉传》于此有云：

有家奴诬告昉（按，时约在金熙宗之世）以马资送叛人出境，考之无状，有司以奴还昉，昉待之如初，曰："奴诬主人以罪，求为良耳，何足怪哉。"人称其长者。

如此脱人，足以骇人。待之如初，人骇异焉。仁恕而外，通物而已。

彭思永不贪金钗 [取自宣统二年（1910）
《小学国文教科书》]

思永仁而有量。《宋史·彭思永传》举其事一云：

（思永）为儿时，旦起就学，得金钗于门外，默坐其处。须臾亡钗者来物色。审之良是，即付之。其人欲谢以钱，思永笑曰："使我欲之，则匿金矣。"

举其事二云："（思永）始就举（按，时在宋仁宗初年），持数钏①为资。同举者过之，出而玩，或坠其一于袖间，众相为求索。思永曰：'数止此耳。'客去，举手揖，钏坠于地，众皆服其量。"

———————————

① 钏：手腕上戴的镯子。

默坐其处，审之付之。言数止此，不言其失。仁恕而外，通物而已。

张种仁恕。《陈书·张种传》于此有云：

> （种）尝于无锡见有重囚在狱，天寒，呼出曝日①，遂失之，世祖（按，即南陈文帝陈蒨，时种为侍中）大笑，而不深责。

其出之，其失之，其仁恕，其通物。

梁材勤敏有异政。明武宗正德年间，材迁浙江右参政，进按察使，以母忧去职。明世宗嘉靖初，材起补云南。《明史·梁材传》于此接续云：

> 土官相仇杀累年，材召其酋曰："汝罪当死。今贳②汝，以牛羊赎。"御史讶其轻，材曰："如是足矣，急之变生。"诸酋衷甲③待变，闻无他乃止。

贳之死，以物赎。闻无他，乃释甲。仁恕而外，通物而已。

吴祐年四十为郡吏，举孝廉迁胶东侯相。《后汉纪·孝桓皇帝纪上》于此接续云：

---

① 曝日：晒太阳。

② 贳：宽纵；赦免。

③ 衷甲：在衣服里面穿铠甲。

（祐）政尚清静，以身率下，以褒贤赏善为务。吏民有以罪过相告诉者，祐辄闭阁自责良久，然后问之。民有词讼，先命三老、孝悌喻解之；不解，祐身至闾里自和之。自是之后，吏民不忍欺。

何以自责？何以喻解？何以不欺？以上率下，上下清静。仁恕而外，通物而已。

通物善导，处之有方，立于哀矜，而超乎哀矜。出兵备边，征箭十万，限以雕雁羽为之，而价踊不可得。时在金世宗大定年间，时觳为同州观察判官。《金史·张觳传》于此接续云：

> 觳曰："矢去物也，何羽不可。"节度使曰："当须省报。"觳曰："州距京师二千里，如民急何。万一有责，下官身任其咎。"一日之间，价减数倍。尚书省竟如所请。

此羽可也，彼羽亦可；其价翔踊，其价顿减。哀矜而外，通物而已。

通物善导，雅而有量，立于宽厚，而超乎宽厚。《梁书·夏侯亶传》有云：

> （亶）宗人夏侯溢为衡阳内史，辞日，亶（按，时为散骑常侍）侍御坐，高祖（按，即南梁武帝萧衍）谓亶曰："夏侯

溢于卿疏近？"亶答曰："是臣从弟①。"

《梁书》于此接续云："高祖知溢于亶已疏，乃曰：'卿伧②人，好不辨族从。'亶对曰：'臣闻服属③易疏，所以不忍言族。'时以为能对。"

非为从弟，言为从弟；本已疏远，不忍言远。宽厚而外，通物而已。

通物善导，谋深虑远，立于平和，而超乎平和。《魏书·李崇传》云：

> 时巴氏扰动，诏崇以本将军为荆州刺史，镇上洛，敕发陕秦二州兵送崇至治。崇辞曰："边人失和，本怨刺史，奉诏代之，自然易帖。但须一宣诏旨而已，不劳发兵自防，使怀惧也。"

《魏书》于此接续云："高祖（按，即北魏孝文帝元宏）从之。（崇）乃轻将数十骑驰到上洛，宣诏绥慰，当即帖然。寻勒边戍，掠得萧赜（按，即南齐武帝）人者，悉令还之。南人感德，仍送荆州之口二百许人。两境交和，无复烽燧之警。"

---

① 从弟：族弟之泛称。

② 伧：粗野。

③ 服属：五服内之亲族。

何以辞？何以慰？何以还？何以和？平和而外，通物而已。

通物善导，自便便人，趋于弥合，而超乎弥合。《宋史·兵志·马政》有云："（熙宁）八年，提举茶场李杞言：'卖茶买马，固为一事。乞同提举买马。'诏如其请。"

熙宁十年（1077），又置群牧行司，以督市马。元丰三年（1080），复罢之，置提举买马监牧司。《宋史》于此接续云：

（元丰）四年，群牧判官郭茂恂言："承诏议专以茶市马，以物帛市谷，而并茶马为一司。臣闻顷时以茶易马，兼用金帛，亦听其便。近岁事局既分，专用银绢、钱钞，非蕃部所欲。且茶马二者，事实相须。请如诏便。"奏可。

元丰六年（1083），买马司复罢兼茶事。崇宁四年（1105），再申茶马司总运茶博马职。自李杞建议，二职分合不已，自是职任始一。

如其请，复罢之；奏可也，又罢之；再申之，无复分。弥合而外，通物而已。

妇人疑之，萧斡偿之。《元史·萧斡传》云："（斡）尝出，遇一妇人，失金钗道旁，疑斡拾之，谓曰：'殊无他人，独翁居后耳。'斡令随至门，取家钗以偿，其妇后得所遗钗，愧谢还之。"

斡博极群书，靡不研究。"侯均谓元有天下百年，惟萧惟斗

（按，魁字惟斗）为识字人。"① 其读书所得，惟通物乎？

《论语·乡党》有云："厩焚。子（按，即孔子）退朝，曰：'伤人乎？'不问马。"厩何以焚？马伤乎？止于人，何也？

孔子像

李林甫弄权，权势熏灼，常门庭若市。其子李岫，惕然而惧，涕泣曰："大人居位久，枳棘②满前，一旦祸至，欲比若人可得

乎？"① 林甫不乐曰："势已然，可奈何？"②

林甫小人，来者必多小人。其子涕泣，其父必不乐。悲夫！其子通物善导，致其父心有戚戚焉。

楚灵王弑君自立，荼毒天下。其于外逍遥，国人造反，杀其太子。《史记·楚世家》于此有云：

> 灵王闻太子禄之死也，自投车下，而曰："人之爱子亦如是乎？"侍者曰："甚是。"王曰："余杀人之子多矣，能无及此乎？"

于是，楚灵王彷徨山中，自缢而死。悲夫！其通物善导，其悔之晚矣。

或曰，钺为贵，钏为贵，一囚耳，一盗耳，一奴耳，吏民耳，服非近，羽非羽，边非要，荼非重，疑非是，马非轻，势已然，毒天下，可乎？

今人联系，越来越方便；人与人之间，却似越来越难处。通物善导，本可触手可及，却又遥不可及。

---

① 见《新唐书·李林甫传》。

② 见《新唐书·李林甫传》。

默　然

打不开心结，敞不开心
扉，问题会滑向哪里？

本有疑惑，结果默然。
《明史·李标传》云：

> 帝（按，即明庄烈帝
> 朱由检）锐意图治，恒召
> 大臣面决庶政。宣府巡抚
> 李养冲疏言旂尉往来如
> 织，踪迹难凭，且虑费无
> 所出。

明庄烈帝朱由检像

《明史》接续有云："帝以
示标等曰：'边情危急，遣旂尉侦探，奈何以为伪？且祖宗朝设立厂卫，奚为者?’标对曰：‘事固宜慎。养冲以为不赂恐毁言日至，赂之则物力难胜耳。’帝默然。"

其锐意图治，其疑惑解矣，其何以默然?

本欲求证，结果默然。《隋书·贺若弼传》云：

> 周武帝（按，即北周武帝宇文邕）时，上柱国乌丸轨言于帝曰："太子（按，即北周宣皇帝宇文赟）非帝王器，臣亦尝与贺若弼论之。"

《隋书》接续有云："帝呼弼问之，弼知太子不可动摇，恐祸及己，诡对曰：‘皇太子德业日新，未睹其阙。’帝默然。"

其愈发疑惑，其疑惑难解，其能无默然?

本应有言，结果默然。《新唐书·苏瑰传》云：

> 时（按，唐中宗李显复政之后）大臣初拜官，献食天子，名曰"烧尾"（按，即烧尾宴），瑰（按，时为尚书右仆射）独不进。及侍宴，宗晋卿嘲之（按，即苏瑰），帝默然。

《新唐书》接续有云："瑰自解于帝曰：‘宰相燮和阴阳，代天治物。今粒食踊贵，百姓不足，卫兵至三日不食，臣诚不称职，不敢烧尾①。’"

———————————

① 烧尾：置办烧尾宴。

前于此,《新唐书》言其昏懦,岂是空言?"帝南郊,国子祭酒祝钦明建白皇后(按,即唐中宗韦皇后)为亚献①,安乐公主(按,即唐中宗女)为终献。璟以为非礼,帝前折愧之,帝昏懦,不能从。"

其不能从,其默不语,其日后暴崩,其何可言哉!

本有惊愕,结果默然。汉宣帝皇后许氏崩,《汉纪·孝宣皇帝纪一》于此有云:

霍光像

> 初,霍光夫人显有小女欲贵。皇后(按,即许氏)当产,疾。显阴使医淳于衍行毒药。后有人上书告诸医治疾无状者,皆收系②。显恐,急具状告光,因曰:"既已失计为之,无令吏急衍!"

显已大逆,光当何如?《汉纪》于此接续云:"光惊愕,默然。

---

① 亚献:祭祀时献酒三次,第二次称亚献。

② 收系:拘禁。

后奏上，置衍勿论，事不发觉。"

其始也惊愕，其终也默然，其内心可谓激荡，其隐匿可谓大逆。

唐德宗李适像

本有顾望，结果默然。卢杞已贬吉州长史，唐德宗竟又用为饶州刺史。朝议震骇，极论杞之奸邪，乃改授澧州别驾，但德宗并不死心。"翌日延英，上谓宰臣曰：'朕欲授杞一小州刺史，可乎？'"①

可乎？《旧唐书·卢杞传》于此接续云：

李勉对曰："陛下授杞大郡亦可，其如兆庶失望何？"上曰："众人论杞奸邪，朕何不知？"勉曰："卢杞奸邪，天下人皆知；唯陛下不知，此所以为奸邪也！"德宗默然良久。

可乎，可乎？不可也。再行试探，究为何因？默然良久，究为何因？

本应坚持，结果默然。宋宁宗崩，宰相史弥远谋废皇养子赵竑，

---

① 见《旧唐书·卢杞传》。

谋立养子成国公赵昀，杨皇后不可。史弥远命杨皇后兄子，一夜七往返以告，杨皇后终不听。《宋史·杨次山传》于此接续云：

> 谷（按，即杨谷，杨皇后之兄杨次山长子）等拜泣曰："内外军民皆已归心，苟不从，祸变必生，则杨氏且无噍类①矣！"后默然良久，曰："其人安在？"弥远等召昀（按，即宋理宗赵昀，宋宁宗养子）入，遂矫诏废竑（按，即赵竑，宋宁宗皇养子）为济王，立昀，是为理宗。

其始也愤然，其终也默然，其决心可谓大矣，其屈从可谓难矣。默然寒也，默然冰也，默然塞也，默然滞也，默然顿也。呜呼，明之亡于庄烈帝，周之堕于宣皇帝，唐中宗之死于非命，霍光之举族夷灭，唐德宗之兵变出逃，杨皇后之竟得善终，岂可怪也欤！

打开了心结，敞开了心扉，问题还能否滑过？

本进良言，结果默然。《史记·孟子荀卿列传》云：

> 客有见髡（按，即淳于髡）于梁惠王（按，即魏惠王），惠王屏左右，独坐而再见之，（髡）终无言也。

梁惠王怪之。《史记》于此接续云："髡曰：'固也。吾前见王，王志在驱逐；后复见王，王志在音声：吾是以默然。'"

---

① 噍类：此处指活人。

梁惠王骇之。《史记》于此接续云："……（梁惠王）曰：'嗟乎，淳于先生诚圣人也！前淳于先生之来，人有献善马者，寡人未及视，会先生至。后先生之来，人有献讴①者，未及试，亦会先生来。寡人虽屏人，然私心在彼，有之。'"

之后相谈甚欢，三日三夜，竟无倦意。其欲进良言，其疑惑解矣，其默然荡矣。

本应有对，结果默然。《宋书·王敬弘传》云：

（敬弘）尝豫听讼，上（按，即刘宋文帝刘义隆）问以疑狱，敬弘（按，时为尚书仆射）不对。上变色，问左右："何故不以讯牒②副仆射？"敬弘曰："臣乃得讯牒读之，政自不解③。"上甚不悦。

其不能对，其不能解，其坦陈焉，其擢升焉。

皆有所对，独有默然。《辽史·萧陶隗传》云：

上（按，即辽道宗耶律洪基）尝谓群臣曰："北枢密院军国重任，久阙其人，耶律阿思、萧斡特剌二人孰愈？"群臣各誉所长，陶隗独默然。

---

① 讴：歌伎。

② 讯牒：案卷。

③ 政自不解：弄不明白。

大觉寺辽塔 [建于辽道宗耶律洪基咸雍四年（1068）]

道宗问之，陶隗答曰："斡特剌懦而败事；阿思有才而贪，将为祸基。不得已而用，败事犹胜基祸。"①

①　见《辽史·萧陶隗传》。

其默然也独一，其答言也骇人，其被恨也自然。

本有怒气，结果默然。《北史·赵默传》云：

> 献文（按，即北魏献文帝拓跋弘）将传位京兆王子推
> （按，即拓跋子推，献文帝叔父），访诸群臣，百官唯唯①，
> 莫敢先言，唯源贺等辞义正直，不肯奉诏。献文怒，变色，
> 复以问默。默对曰："臣以死奉戴皇太子（按，即孝文帝元
> 宏）。"献文默然良久，遂传位孝文。

其默然良久，自不同于杨皇后；其传位孝文，自是北魏之大幸。

父有默然，子有默受。《北史·魏本纪》有云：

> 宦者先有谮帝（按，即孝文帝元宏，献文帝拓跋弘子）
> 于太后（按，即孝文帝祖母冯太后），太后杖帝数十，帝默
> 受，不自申明。太后崩后，亦不以介意。

虎害顿息，默然非默。元世祖至元元年，别的因受赐金符，
拜寿、颍二州屯田府达鲁花赤。《元史·抄思传》附《别的因传》
于此有云：

> 时二州地多荒芜，有虎食民妻，其夫来告，别的因默然

---

① 唯唯：行相随顺之貌。

良久，曰："此易治耳。"乃立槛设机，缚羔羊槛中以诱虎。夜半，虎果至，机发，虎堕槛中，因取射之，虎遂死。自是虎害顿息。

默然睿也，默然诚也，默然达也，默然明也，默然通也。呜呼，淳于髡之不做魏相，王敬弘之日后擢升，耶律阿思之衔而抑人，献文帝之终改初衷，孝文帝之不以介意，别的因之为民除害，岂可怪也欤！

礼 说

礼当饰情，礼当养情，礼当治情。①

见当如礼，非礼勿见。《宋史·程戡传》有云：

> 契丹使过，称疾，求着帽见，戡（按，时知河中）使谓
> 曰："有疾，可毋相见，见当如礼。"使者语屈，冠而见。

关涉外交，虽小而大，进退裕如，礼之饰也。嗟乎壮哉！

死当如礼，非礼不甘。《史记·仲尼弟子列传》有云：

> 方孔悝（按，卫大夫）作乱（按，攻卫出公，立卫庄
> 公），子路（按，孔悝之邑宰）在外，闻之而驰往。

---

① 语出梅道芬《"情"的秩序》，转引自《饶宗颐国学院院刊》（创刊
号），原文为："在关于'礼'的作用上，'礼'有'饰情''养情''治情'
的作用。"

此时城门已关，恰使者进城，子路随之而入。《史记》于此接续云：

　　（子路）造蒉聩（按，即卫庄公），蒉聩与孔悝登台。子路曰："君焉用孔悝？请得而杀之。"蒉聩弗听。于是子路欲燔① 台，蒉聩惧，乃下石乞、壶黡攻子路，击断子路之缨。子路曰："君子死而冠不免。"遂结缨而死。

子路像

---

① 燔：焚烧。

乱臣贼子，礼所不容，虽食人禄，礼亦必先。惜乎烈哉！

尊之如礼，非礼勿尊。元顺帝元统二年（1334）九月，许有壬拜中书参知政事、知经筵事。《元史·许有壬传》于此有云：

> 帝诏群臣议上皇太后尊号为太皇太后，有壬曰："皇上于皇太后，母子也，若加太皇太后，则为孙矣，非礼也。"众弗之从。有壬曰："今制，封赠祖父母，降于父母一等，盖推恩之法，近重而远轻，今尊皇太后为太皇太后，是推而远之，乃反轻矣，岂所谓尊之者邪！"（帝）弗之听。

礼有大义，违之阙如，即如皇室，不废远近。惜乎昧哉！

祀之如礼，非礼勿祀。《元史·李好文传》云：

> （至正）三年，郊祀，召（好文）为同知太常礼仪院事，帝（按，即元顺帝孛儿只斤·妥懽帖睦尔，元明宗长子）之亲祀也，至宁宗（按，即元宁宗孛儿只斤·懿璘质

元宁宗孛儿只斤·懿璘质班像

班，元明宗次子）室，遣阿鲁问曰："兄拜弟可乎？"好文与博士刘闻对曰："为人后者，为之子也①。"帝遂拜。

礼有大义，不可不慎，即如帝王，不废先后。嗟乎明哉！

待人以礼，金石为开，情之为饰，亦大矣哉！度尚为上虞长，县民有淳于翼者，故洛阳市长，学问渊深，常隐于田里，希见长吏。《后汉纪·孝桓皇帝纪下》于此有云：

> 尚往候之，晨到其门，翼不即相见。主簿曰："还。"不听，停车待之。翼晡②乃见尚，尚宗其道德，极谈乃退。

致人以礼，待人以情，情之为养，亦大矣哉！《后汉书·陈蕃传》云：

> 时（按，时在东汉冲帝之世）李膺为青州刺史，名有威政，属城（按，青州之属城）闻风，皆自引去，蕃（按，时为乐安太守）独以清绩③留。郡人周璆，高洁之士。前后郡守招命莫肯至，唯蕃能致焉。字而不名④，特为置一榻，去则县⑤之。

①　为人后者，为之子也：即帝位在别人之后，就应该行后代之礼。
②　晡：即申时，下午三时至五时。
③　清绩：政绩清廉。
④　字而不名：称其字而不呼其名。
⑤　县：同"悬"。

　　以礼养情，以情培礼，珍视之深，亦大矣哉！《魏书·齐郡王简传》云："高祖（按，即孝文帝元宏）仁孝，以诸父零落，存者唯简（按，即元简，孝文帝叔父，先为内都大官，后迁太保）。每见，立以待之，俟（简）坐，致敬问起居，停简拜伏①。"

　　以礼违礼，人所不堪，情之为治，亦大矣哉！《旧唐书·李义琰传》云："义琰（按，时为中书侍郎）后改葬父母，使舅氏移其旧茔，高宗知而怒曰：'岂以身在枢要，凌蔑②外家，此人不可更知政事。'"

　　《旧唐书》于此接续云："义琰闻而不自安，以足疾上书乞骸骨，乃授银青光禄大夫，听致仕。"

　　用不如礼，莫如无礼，举止不恒，噫嘻怪哉！《旧五代史·卢程传》云：

　　　　时朝廷草创，庶物未备，班列萧然，寺署多缺。程（按，时为平章事）、革（按，即豆卢革，时为平章事）受命之日，即乘肩舆，驺导③喧沸。庄宗（按，即后唐庄宗李存勖）闻诃导之声，询于左右，曰："宰相担子入门。"庄宗骇异，登楼视之，笑曰："所谓似是而非者也。"

---

　　①　拜伏：跪拜俯伏。

　　②　凌蔑：凌辱蔑视。

　　③　驺导：引马开道之骑卒。

行而非礼，情而不治，意欲何为！《明史·蔡清传》云：

正德（按，明武宗年号）改元，即家起（蔡清）江西提学副使。宁王宸濠（按，即朱宸濠）骄恣，遇朔望，诸司先朝王，次日谒文庙。清不可，先庙而后王。

明武宗朱厚照像

治情之要，礼之为用，岂可不明！《明史》于此接续云：

王生辰，令诸司以朝服贺。清曰"非礼也"，去蔽膝①而入，王积不悦。日后宁王反，伏诛。

礼不违清，侍死如生，礼当何如？其饰乎，其养乎，其治乎？其难易乎？唐德宗贞元八年（792），赵憬拜中书侍郎、同中书门下平章事。《旧唐书·赵憬传》有云：

---

① 蔽膝：围于衣服前面的大巾，用以蔽护膝盖。

　　憬特承恩顾，性清俭，虽为宰辅，居第仆使①，类贫士大夫之家，所得俸入，先置私庙，而竟不立第舍田产。

　　子路礼违于孔悝，而明达于忠义。义琰礼违于舅氏，而怨结于国君。宸濠礼违于大义，而反心先伏焉。夫礼之激劝于人者，何可尽言也哉！

---

　　① 仆使：仆人。

抑　扬

泼墨如水，惜字如金，扬之有据，抑之有理，人之于世，可不慎乎？

《新唐书·李景让传》有云：

> （景让）尝怒牙将，杖杀之，军且谋变，母欲息众欢，召景让（按，时为浙西观察使）廷责曰："尔填抚方面而轻用刑，一夫不宁，岂特上负天子，亦使百岁母衔羞泉下，何面目见先大夫①乎？"将鞭其背，吏大将再拜请，不许，皆泣谢，乃罢，一军遂定。

母之责子，众之泣请，何详之甚？盖扬其母之善也。前于此，《新唐书》言其母治家之严，盖亦张大其母之善也。

《辽史·耶律海里传》有云：

---

①　先大夫：犹先父。

察割（按，即耶律察割，参与策划弑杀辽世宗耶律阮）之乱，其母的鲁与焉。（母）遣人召海里，海里拒之。乱平，的鲁以子故获免。

母之与乱，子之拒母，何略之甚？盖抑其母之恶也。后于此，《辽史》言其子之俭素、之宽静，盖亦曲射其母之恶也。

思忖如险，斟酌如险，褒之有据，贬之有据，人之于世，可不慎乎？

《宋史·张揆传》有云：

（宋仁宗）诏改王溥（按，仕历后周、宋初）谥，有议欲为文忠者，揆曰："溥，周（按，即后周）之宰相，国亡不能死，安得为忠？"乃谥为文康。

王溥之谥，初乃文献，后议文忠，定为文康，何者？抑之贬之是也。

无逸卒后，初谥曰孝，争议遂起。《旧唐书·皇甫无逸传》于此有云：

礼部尚书王珪驳之曰："无逸（按，时拜益都大都督府长史）入蜀之初，自当扶侍老母，与之同去，申其色养①，而乃

————————————

① 色养：谓人子和颜悦色奉养父母或承顺父母。

留在京师,子道未足,何得为孝?"竟谥为良。

由孝而良,成色已然,何者?抑之贬之是也。

萧瑀卒后,初谥曰肃,唐太宗异之。《旧唐书·萧瑀传》于此有云:

> 太宗曰:"易名之典,必考其行。瑀(按,生前为金紫光禄大夫,封宋国公)性多猜贰,此谥失于不直,更宜摭①实。"改谥曰贞褊公。

由肃而褊,成色已然,何者?抑之贬之是也。

《元史·顺帝本纪三》有云:

> (至元六年秋七月甲寅)诏封微子(按,商纣王长兄)为仁靖公,箕子(按,商纣王叔父)为仁献公,比干(按,商纣王叔父)加封为仁显忠烈公。

比干像

---

① 摭:拾取,摘取。

唐太宗时，比干谥忠烈，元顺帝加谥"仁显"，何者？扬之褒之是也。

颜真卿像

《元史·文宗本纪一》有云：

（天历元年十二月）加谥唐司徒颜真卿正烈文忠公，令有司岁时致祭。

唐德宗时，颜真卿谥文忠，元文宗加谥"正烈"，何者？扬之褒之是也。

《宋史·狄青传》有云：

熙宁元年，神宗考次①近世将帅，以青起行伍而名动夷夏，深沈②有智略，能以畏慎保全终始，慨然思之，命取青画像入禁中，御制祭文，遣使赍中牢祠其家。

宋仁宗时，狄青谥武襄。宋神宗慨然思之，何情之切也，何礼之重也？扬之褒之是也。

---

① 考次：查考编次。

② 深沈：沉着持重。

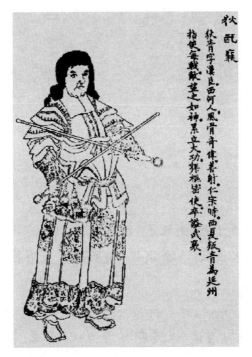

狄氏骧

狄青字汉臣，汾州西河人。风骨奇伟，善射，长。宋时，西夏叛，青为延州指使，每战敢望之如神，累立大功，拜枢密使，卒谥武襄。

狄青像

《北史·石祖兴传》有云：

（北魏孝文帝时）太守田文彪、县令和真等丧亡，祖兴自出家绢二百余匹，营护丧事。

由之，孝文帝嘉之，并赐之爵，后拜宁阳令，卒后谥曰“恭”。其人其事，史无他载，仅记如上。如此载记，扬之褒之是也。

当抑则抑，非抑无以扬也。当扬则扬，非扬无以抑也。

感　激

感于外，激于内，行殊异，道归一。

皇甫绩三岁而孤，为外祖韦孝宽所鞠养。《隋书·皇甫绩传》于此云：

> （绩）尝与诸外兄博奕①，孝宽以其惰业，督以严训，愍绩孤幼，特舍之。

《隋书》于此接续云："绩叹曰：'我无庭训，养于外氏，不能克躬励己，何以成立？'深自感激，命左右自杖三十。"

江总七岁而孤，依于外氏。《陈书·江总传》于此云：

> （总）舅吴平光侯萧励，名重当时，特所钟爱。尝谓总

_____

① 博奕：即"博弈"，掷骰子、下棋等游戏。

曰："尔操行殊异，神采英拔①，后之知名，当在吾右。"

《陈书》于此接续云："（总）及长，笃学有辞采，家传赐书数千卷，总昼夜寻读，未尝辍手。"

皆幼而孤，皆鞠于外，皆感而激，何其相似若是也！

乡试第一，会试第一，先授编修，累迁祭酒。《明史·李廷机传》于此接续云：

故事，祭酒每视事，则二生共举一牌诣前，大书"整齐严肃"四字。盖高皇帝（按，即明太祖朱元璋）所制，以警师儒者。廷机见之惕然，故其立教，一以严为主。

明太祖朱元璋像

韦述读书，不知寝食，与语前世，如指掌然。《新唐书·韦述传》于此有云：

---

① 英拔：出众。

举进士，时述方少，仪质陋侻①，考功员外郎宋之问曰："童子何业？"述曰："性嗜书，所撰《唐春秋》三十篇，恨未毕，它唯命。"之问曰："本求茂才，乃得迁（按，即司马迁）、固（按，即班固）。"遂上第②。

学皆深邃，性皆惕然，动皆感激，何其仿佛若是邪！

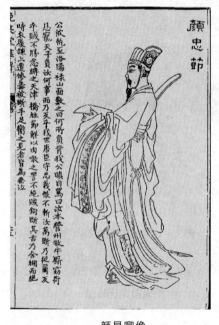

颜杲卿像

兵诣阙，陷东都，当何如？唐玄宗天宝十四载（755），颜杲卿摄常山太守。时安禄山为河北、河东采访使，常山在其部内。其年十一月，禄山举兵反，陷东都洛阳。《旧唐书·颜杲卿传》于此接续有云：

> 杲卿忠诚感发，惧贼遂寇潼关，即危宗社。

于是，杲卿与人谋，杀禄山数将，执禄山数将。《旧唐书》于此接续有云：

---

① 陋侻：丑陋。

② 上第：指第一。

　　杲卿（按，时已擢卫尉卿兼御史大夫）既斩贼将，收兵练卒，乃檄告河北郡县，言朝廷以荣王（按，即李琬，唐玄宗子）为河北兵马大元帅，哥舒翰为副，统众三十万，即出土门。

于是，"郡县闻之，皆杀贼守将，远近响应，时十五郡皆为国家所守"①。

先零盛，汉兵恐，当何如？《后汉书·段颎传》云：

　　建宁（按，东汉灵帝年号）元年春，颎（按，时为并州刺史）将兵万余人，赍②十五日粮，从彭阳直指高平，与先零诸种战于逢义山。虏兵盛，颎众恐。

激怒之，腾赴之，大溃之。《后汉书》于此接续云：

　　（颎）激怒兵将曰："今去家数千里，进则事成，走必尽死，努力共功名！"因大呼，众皆应声腾赴，颎驰骑于傍，突而击之，虏众大溃，斩首八千余级，获牛马羊二十八万头。

甲子战，曰不吉，当何如？北魏道武帝皇始二年（397）九

---

①　见《旧唐书·颜杲卿传》。
②　赍：携带；持。

月，后燕皇帝贺麟率三万余人出寇新市。甲子晦，道武帝进军讨之，太史令晁崇奏曰不吉。《魏书·太祖纪》于此接续云：

> 帝（按，即道武帝拓跋珪）曰："其义云何？"对曰："昔纣以甲子亡，兵家忌之。"帝曰："纣以甲子亡，周武不以甲子胜乎？"崇无以对。

于是，大破之，麟逃奔，后被杀。

驰传赴，不郊迎，当何如？《新唐书·陈楚传》云：

> 元和（按，唐宪宗李纯年号）末，义武节度使浑镐丧师，定州乱，拜楚为节度使，驰传赴军。及郊，无迎者，左右劝无入，楚曰："定军不来迎以试我。今不入，正堕计中。"

于是，"（楚）乃冒雪行四十里，夜入其州，然军校部伍，皆楚旧也，由是众心乃定"①。

身兼职，贼寇境，当何如？《北史·唐永传》云：

> ……（永）读《班超传》，慨然有万里之志。正光（按，北魏孝明帝元诩年号）中，（永）为北地太守，当郡别将②。

---

① 见《新唐书·陈楚传》。
② 当郡别将：身兼军将之职。

俄而贼将宿勤明达、车金雀等寇郡境，永击破之，境内稍安。永善驭下，士人竞为之用。

皆明达，皆慷慨，皆感激，何其仿佛若是邪！

纳其言，负其言，愧其言，感激焉。《后汉书·郭太传》云：

郭太像

（左原）为郡学生，犯法见斥。林宗（按，郭太字林宗）尝遇诸路，为设酒肴以慰之。

太慰之：勿恚恨，唯责躬。《后汉书》于此接续云：

原纳其言而去。……原后忽更怀忿，结客欲报诸生。其日林宗在学，原愧负前言，因遂罢去。

一切不佳，当视极佳。一切感激，皆当有为。功成在人，万古不易。

固　心

　　心轻非固，轻则取败，何耶？轻则怠矣，故而败也。

　　屈瑕之心固否？《左传·桓公十三年》有云：

　　　　十三年春，楚屈瑕伐罗，斗伯比送之。还，谓其御曰：
"莫敖（按，即屈瑕）必败，举趾高，心不固矣。"

　　楚子信之否？《左传》接续有云："（斗伯比）遂见楚子（按，
即楚武王）曰：'必济①师。'楚子辞焉。"

　　邓曼信之否？《左传》接续有云：

　　　　（斗伯比）入告夫人邓曼（按，楚武王夫人）。邓曼曰：
"大夫（按，即斗伯比）其非众之谓②，其谓君抚小民以信，

---

　　①　济：增加。
　　②　非众之谓：不是单纯要求增加军队人数。

训诸司以德，而威莫敖（按，即屈瑕）以刑也。莫敖狃①于蒲骚之役（按，鲁桓公十一年，屈瑕败郧师于蒲骚），将自用②也，必小③罗。君若不镇抚，其不设备乎。……"楚子使赖人（按，赖国之仕于楚者）追之，不及。

《春秋左传》书影

屈瑕有备否？《左传》接续有云：

莫敖（按，即屈瑕）使徇于师曰："谏者有刑。"及鄢（按，即鄢水），乱次④以济。遂无次，且不设备。及罗，罗

---

① 狃：因袭；拘泥。

② 自用：自以为是。

③ 小：轻视。

④ 乱次：次序混乱。

与卢戎（按，南蛮）两军之。大败之。莫敖缢于荒谷（按，
楚地），群帅囚于冶父（按，楚地），以听刑。

屈瑕自用，至于自缢，何耶？心非固也。

袁绍之心固否？官渡之战，沮授一谏袁绍曰：颜良不可任。
绍不听，良斩矣。沮授二谏袁绍曰：宜须持久，旷以日月。绍不
从，大破矣。《三国志·魏书·袁绍传》于此接续云：

会绍遣淳于琼等将兵万余人北迎运车，沮授说绍："可遣
将蒋奇别为支军于表，以断曹公（按，即曹操）之钞①。"

曹操乌巢烧粮草　曹操仓亭破袁绍（清初刊本《三国志像》）

---

① 钞：同"抄"。

此乃沮授之三谏也。《三国志》于此接续云：

> 绍复不从。琼（按，即淳于琼）宿乌巢，去绍军四十里。太祖（按，即曹操）乃留曹洪守，自将步骑五千候夜潜往攻琼。绍遣骑救之，败走。（操）破琼等，悉斩之。

裴松之于此下之注，转引《献帝传》文，有沮授之叹：

> 上盈其（按，即袁绍）志，下务其功，悠悠黄河，吾其不反[①]乎！

袁绍志盈，至于不返，何耶？心非固也。

杨㩵之心固否？《北史·杨㩵传》云：

> 其年（按，北周武帝宇文邕保定四年），大军围洛阳，诏㩵出轵关。然㩵自镇东境二十余年，数与齐（按，即北齐）人战，每常克获，以此遂有轻敌之心。

轻敌者何？《北史》于此接续云："时洛阳未下，而㩵深入敌境又不设备。齐人奄至，大破㩵军。㩵以众败，遂降于齐。"

杨㩵战败，至于降敌，何耶？心非固也。

---

① 反：同"返"。

同在《北史》，同为战败，崔楷赴死，其心固否？北魏孝明帝孝昌初年，置殷州，以楷为刺史，加后将军。楷将之州，人咸劝单身述职。《北史·崔辩传》附《崔楷传》，于此有云：

> 楷曰："单身赴任，朝廷谓吾有进退之计，将士又谁肯固志？"遂阖家赴州。

人或劝减小弱以避贼，楷乃遣第四女、第三男夜出。《北史》于此有云：

> （楷）既而曰："一朝送免儿女，将谓吾心不固。"遂命追还。

及贼来攻，楷率力拒抗，莫不争奋。力竭城陷，楷执节不屈，遂遇害焉。

无独有偶。杜慆守城，其心固否？唐懿宗咸通年间，庞勋反，围泗州，时杜慆为泗州刺史，或劝出家属，独以身守。《新唐书·杜佑传》附《杜慆传》，于此接续云：

> 慆曰："吾出百口求生，众心摇矣，不如与将士生死共之。"众闻皆泣下。

于是，皆殊死奋，一州卒完。

固心有术，心穷智尽，事有不怠。《北齐书·郎基传》有云：

梁（按，即南梁）吴明彻率众攻围海西，基（按，时为北齐文宣帝高洋之海西镇将）奖励兵民，固守百余日，军粮且罄，戎仗亦尽，乃至削木为箭，剪纸为羽。围解还朝。

固心无术，观过知仁，事则有功。《北齐书》于此接续云：

基（按，时为颖川郡太守）性清慎，无所营求，曾语人云："任官之所，木枕亦不须作，况重于此事。"唯颇令写书。潘子义曾遗之书曰："在官写书，亦是风流罪过。"基答书曰："观过知仁，斯亦可矣。"

基卒于官。"柩将还，远近将送，莫不攀辕悲哭。"[1]

---

① 见《北齐书·郎基传》。

职　分

职有所守，分有所限，即如帝王，亦当明辨。《旧唐书·刘齐贤传》云：

> 时将军史兴宗尝从帝（按，即唐高宗李治）于苑中弋猎①，因言晋州出好鹞，刘齐贤（按，时为晋州司马）见为司马，请使捕之。帝曰："刘齐贤岂是觅鹞人耶！卿何以此待之？"遂止。

职须自守，人不越俎，即如帝王，无如之何。《三国志·魏书·陈矫传》云：

> 车驾尝卒至尚书门，矫（按，时为尚书令）跪问帝（按，即曹魏明帝曹叡）曰："陛下欲何之？"帝曰："欲案行文书耳。"矫曰："此自臣职分，非陛下所宜临也。若臣不称其职，

① 弋猎：射猎；狩猎。

则请就黜退①。陛下宜还。"帝惭，回车而反。

职当尽分，不可弄权，世人明察，洞若观火。《旧唐书·温彦博传》云：

彦博（按，时为检校吏部侍郎，时在唐太宗之世）意有沙汰②，多所损抑，而退者不伏，嚣讼③盈庭。彦博惟骋辞辩，与之相诘，终日喧扰，颇为识者所嗤。

唐太宗李世民像

职当尽分，不可逾越，失之毫厘，谬以千里。唐太宗征辽，皇太子监国，刘洎留辅之。《旧唐书·刘洎传》于此有云：

太宗谓洎曰："我今远征，使卿辅翼④太子，社稷安危之

---

① 黜退：削职。

② 沙汰：淘汰；拣选。

③ 嚣讼：聚讼。

④ 辅翼：辅佐，辅助。

机，所寄尤重，卿宜深识我意。"泊进曰："愿陛下无忧，大臣有愆失者，臣谨即行诛。"太宗以其妄发，颇怪之……

褚遂良书法

太宗回还，在道不康，刘泊入谒。泊出，褚遂良问之。泊泣曰："圣体患痈，极可忧惧。"① 于是，遂良诬奏之，泊赐自尽也。

职有所尽，忠有所守。《周书》言冯迁：

> 迁性质直，小心畏慎，虽居枢要，不以势位加人。兼明练时事，

善于决断。每校阅文簿，孜孜不倦，从辰逮夕，未尝休止。②

时在北周孝闵帝之世，迁时为骠骑大将军、开府仪同三司。迁位之重，不亚刘泊，而其忠于所事，则超乎泊也。

---

① 见《旧唐书·刘泊传》。

② 见《周书·冯迁传》。

职有所尽，忠有所属。楚宾属文敏甚，必酒中，然后下笔。《新唐书·胡楚宾传》于此有云：

> （楚宾）性重慎①，未尝语禁中事，人及其醉问之，亦熟视不答。

时在唐高宗之世，时楚宾为右史，寻兼崇贤直学士。

职有所尽，忠有所彰。贞观时，弘机仕左千牛胄曹参军，出使西突厥。《新唐书·韦弘机传》于此有云：

> 会石国叛，道梗，三年不得归。裂裾录所过诸国风俗、物产，为《西征记》。比还，太宗问外国事，即上其书。帝大悦，擢朝散大夫。

职有所尽，忠有所明。至正十一年（1351）十一月，治河功成，元顺帝命欧阳玄制河平碑文，时玄为翰林学士承旨。《元史·河渠志·黄河》于此有云：

> 玄既为河平之碑，又自以为司马迁、班固记河渠沟洫，仅载治水之道，不言其方，使后世任斯事者无所考则，乃从鲁（按，即贾鲁，时以工部尚书为总治河防使）访问方略，及询过

---

① 重慎：犹慎重。

客，质吏牍，作《至正河防记》，欲使来世罹河患者按而求之。

其记五千言，其功埒河功，其越职分否？

职可自请，要当称之，关乎名节，不可不慎。《梁书·吴均传》有云：

> 先是，均（按，时为奉朝请）表求撰《齐春秋》，书成奏之，高祖（按，即南梁武帝萧衍）以其书不实，使中书舍人刘之遴诘问数条，竟支离无对，敕付省焚之，坐免职。

史书有记：刘齐贤方正，陈矫亮直，温彦博有口辩，刘洎疏峻敢言，欧阳玄主复科举，吴均好学有俊才。较之职分，何其仿佛若是也！

友　于

友于情深，白首同归。《梁书·傅映传》云：

　　（映）三岁而孤。兄弟（按，傅昭、傅映兄弟）友睦，修身厉行，非礼不行。始昭之守临海，陆倕饯之，宾主俱欢，日昏不反，映以昭年高，不可连夜极乐，乃自往迎候，同乘而归，兄弟并已斑白，时人美而服焉。

友于情深，保如婴儿。《宋史·司马光传》云：

　　（光）在洛时，每往夏县展墓①，必过其兄旦，旦年将八十，奉之如严父，保之如婴儿。

友于情深，重赏可弃。辽世宗即位，以拥立功，耶律吼加采

---

　　① 展墓：省视坟墓。

访使，赐以宝货。《辽史·耶律吼传》于此接续云：

> 吼辞曰："臣位已高，敢复求富！臣从弟的琭诸子坐事籍
> 没①，陛下哀而出之，则臣受赐多矣！"上（按，即辽世宗耶
> 律阮）曰："吼舍重赏，以族人为请，其贤远甚。"许之，仍
> 赐官户五十。

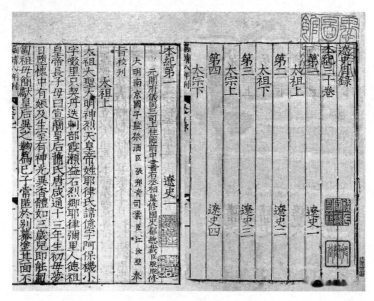

《辽史》书影

友于情深，仕宦可让。邢晏先为南兖州刺史，后为沧州刺史，
时皆在北魏宣武帝之世。《北史·邢峦传》附《邢晏传》，于此
有云：

---

① 籍没：登记财产或家口，以没收充公。

晏笃于义让，初为南兖州，例得一子解褐①，乃启其孤弟子子慎为朝请②。子慎年甫十二，而其子已弱冠③矣。

《北史》接续有云："（晏）后为沧州，复启孤兄子昕为府主簿，而其子并未从宦，世人以此多之。"

友于情深，歔歟呜咽。《旧唐书·岑文本传》云："文本（按，时为中书令）既久在枢揆④，当涂任事，赏赐稠叠⑤，凡有财物出入，皆委季弟文昭，一无所问。"

兄弟之情厚，国君之虞重。《旧唐书》于此接续云：

文昭时任校书郎，多与时人游款⑥，太宗（按，即唐太宗李世民）闻而不悦，尝从容谓文本曰："卿弟过多交结，恐累卿，朕将出之为外官，如何？"

母子之情厚，国君之愍深。《旧唐书》于此接续云：

文本泣曰："臣弟少孤，老母特所钟念，不欲信宿⑦离于

---

① 解褐：脱去粗布衣服，喻入仕为官。
② 朝请：即奉朝请，官名。
③ 弱冠：成年，20 岁。
④ 枢揆：宰相之位。
⑤ 稠叠：稠密重叠。
⑥ 游款：交往亲近。
⑦ 信宿：两三日。

左右。若今外出，母必忧悴，倘无此弟，亦无老母也。"（文本）欷歔呜咽，太宗愍其意而止。（太宗）唯召见文昭，严加诫约，亦卒无怨过。"①

子曰：孝乎惟孝，友于兄弟，施于有政。② 信夫！

情深友于，遗书可证。北齐孝昭帝皇建元年（560），崔赡除给事黄门侍郎。《北史·崔逞传》附《崔赡传》，于此接续云：

> （赡）与赵郡李概为莫逆之友。概将东还，赡遗之书曰："仗气使酒，我之常弊，诋诃③指切，在卿尤甚。足下告归，吾于何闻过也？"

情深友于，诣狱可证。《晋书·孙拯传》云：

> 机（按，即陆机，西晋宣帝末年受命讨乱，因谗被害）既为孟玖（按，宦人，谗陆机者）等所诬，收拯（按，时为陆机军司马）考掠，两踝骨见，终不变辞。门生费慈、宰意诣狱明拯，拯譬遣之曰："吾义不可诬枉知故④，卿何宜复尔！"二人

---

① 见《旧唐书·岑文本传》。
② 见《论语·为政》。
③ 诋诃：斥责；批评。
④ 知故：旧交好友。

曰："仆亦安得负君！"拯遂死狱中，而慈、意亦死。

情深友于，戟手可证。《明史·周顺昌传》云：

> 魏大中（按，天启年间东林党人）被逮，道吴门。顺昌
> 出饯，与同卧起者三日，许以女聘大中孙。旗尉屡趣行，顺
> 昌瞋目曰："若不知世间有不畏死男子耶？归语忠贤（按，即
> 魏忠贤，天启年间阉党头目），我故吏部郎周顺昌也。"因戟
> 手①呼忠贤名，骂不绝口。

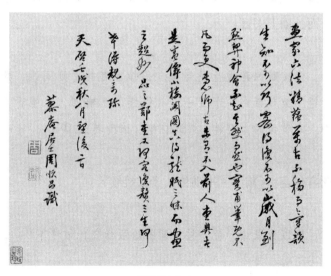

周顺昌书法

朋友有大义，君臣有大义，陌路有大义，可轻之乎？

---

① 戟手：徒手屈肘如戟形。

依 违

依违者或隐忍，意欲兼而顾之。汉王杨谅作乱，隋炀帝不忍加诛，而王劭上书言：

> 谨按贼谅毒被生民者也。是知古者同德则同姓，异德则异姓，故黄帝有二十五子，其得姓者十有四人，唯青阳、夷鼓，与黄帝同为姬姓。谅既自绝，请改其氏。①

此言何言？《隋书·王劭传》于此接续云：

> 劭以此求媚，帝（按，即隋炀帝杨广）依违不从。

依违者或纠结，意欲顺其自然。《陈书·废帝本纪》云：

---

① 见《隋书·王劭传》。

帝（按，即南陈废帝陈伯宗）仁弱无人君之器，世祖（按，即南陈文帝陈蒨）每虑不堪继业，既居宗嫡，废立事重，是以依违积载。

积载何载？《陈书》接续有云：

及（世祖）疾将大渐①，召高宗（按，即南陈宣帝陈顼，陈蒨弟）谓曰："吾欲遵太伯（按，即南陈高祖陈霸先，陈蒨叔父）之事。"高宗初未达旨，后寤，乃拜伏涕泣，固辞。其后宣太后（按，即南陈高祖陈霸先宣皇后章氏）依诏废帝焉。

言之明乎？听之明乎？废之则明。依违之间，考量者何？

依违者或柔弱，意欲苟度取容。《旧唐书·苏味道传》有云：

圣历（按，武则天年号）初，（味道）迁凤阁侍郎、同凤阁鸾台三品。味道善敷奏，多识台阁故事，然而前后居相位数载，竟不能有所发明，但脂韦②其间，苟度取容而已。

何出此言？《旧唐书》于此接续有云：

---

① 大渐：谓病危。
② 脂韦：油脂和软皮，形容油滑、软弱。

（味道）尝谓人曰："处事不欲决断明白，若有错误，必贻咎谴，但摸棱①以持两端可矣。"时人由是号为"苏摸棱"。

明神宗朱翊钧像

依违者或敷衍，意欲顺其心意。三王并封，乃明神宗权宜之计，意欲拖延时日，立常洵为太子。《明史·王叔承传》云：

> 太仓王锡爵（按，时为内阁首辅），其（按，即王叔承）布衣交也。再召，会有三王并封（按，皇长子朱常洛、皇子朱常洵、皇子朱常浩并封为王，遭朝臣反对）之议。叔承遗（锡爵）书数千言，谓当引大义以去就力争，不当依违两端，负主恩，辜物望。锡爵得书叹服。

---

① 摸棱：即"模棱"。

朝廷之意，欲立常洛，而神宗依违。三王并封，虽有叔承书，而锡爵依违。依违之间，考量者何？

依违者或了然，意欲庇其所私。《新唐书·桓彦范传》有云：

> 时内史李峤等屡奏："往为酷吏破家者，请皆宥雪。"（武后）依违未从。

前于此，彦范上疏，言幸人张昌宗当诛，武后不纳。后于此，彦范上疏，而武后卒听。当听而不纳，未从而卒听，依违之间，考量者何？

依违者或舍公，意欲保己行私。《旧唐书·于志宁传》云：

> 高宗之将废王庶人（按，即王皇后，唐高宗李治原配皇后）也，长孙无忌、褚遂良执正不从，而李勣、许敬宗密申劝请，志宁（按，时拜太子

长孙无忌像

太师、同中书门下三品）独无言以持两端。

《旧唐书》于此接续云："及许敬宗推鞫①长孙无忌诏狱，因诬构志宁党附无忌，坐是免职，寻降授荣州刺史。"

虽持两端，不逃降授，终老于家，议者少之，何邪？《旧唐书》于此有云：

> 志宁雅爱宾客，接引忘倦，后进文笔之士，无不影附，然亦不能有所荐达②，议者以此少③之。

雅爱非真，依违取祸，虽能全身，名已堕矣。

依违者或变诈，意欲逞其私志。隋炀帝大业年间，百济王余璋屡遣使朝贡，并请讨高丽。然余璋内与高丽通和，挟诈以窥中国。《北史·百济列传》于此接续云：

> （大业）七年，帝（按，即隋炀帝杨广）亲征高丽，余璋使其臣国智牟来请军期。帝大悦，厚加赏赐，遣尚书起部郎席律诣百济，与相知。

---

① 推鞫：审问。

② 荐达：推荐引进。

③ 少：轻视，看不起。

隋炀帝大悦，而真相何如？"明年（按，即大业八年），（隋）六军度辽，余璋亦严兵于境，声言助军，实持两端。"① 征辽失败，余璋与有咎焉。

持论大矣，持意坚矣，何又依违？考量者何？贾铉性纯厚，好学问，敢直言。金章宗欲以为相，时铉为礼部尚书，兼左谏议大夫。《金史·贾铉传》云：

> 上（按，即金章宗完颜璟）议置相，欲用铉，宰臣荐孙即康。张万公（按，时为参知政事）曰："即康及第在铉前。"上曰："用相安问榜次②？朕意以为贾铉才可用也。"然竟用即康焉。

明断非难，依违有因，舍大保小，治乱已分。唐德宗之世，郑珣瑜进门下侍郎、同中书门下平章事。《新唐书·郑珣瑜传》于此有云：

> 李实为京兆尹，剥下务进奉，珣瑜显诘③曰："留府缯帛入有素④，余者应内度支，今进奉乃出何色邪⑤？"具以对，实方幸，依违以免。

---

① 见《北史·百济列传》。
② 榜次：排名。
③ 显诘：当面责问。
④ 有素：有固定数目。
⑤ 今进奉乃出何色邪：如今进奉是出自什么名目呢？

刘瞻雕像

依违有惧，敢为有义，加怒有惑，是非已混。同昌公主薨，唐懿宗捕太医韩宗绍等送诏狱，逮系宗族数百人。时在咸通十一年（870），瞻时以中书侍郎同中书门下平章事。《新唐书·刘瞻传》接续有云：

> 瞻喻谏官，皆依违不敢言，即自上疏固争："宗绍穷其术不能效，情有可矜。陛下徇①爱女（按，即同昌公主，唐懿宗长女），囚平民，忿不顾难，取肆暴不明之谤。"

懿宗大怒，即日赐罢。

蒋重珍有言："更化（按，即宋理宗即位）以来，旧敝未去者五：徇私、调停、覆护、姑息、依违是也。"② 为弊且旧，呜呼哀哉！

---

① 徇：顺从；曲从。

② 见《宋史·蒋重珍传》。

少　之

　　人孰无过，何以少之？既可少之，何以为鉴？

　　《梁书·范云传》云："（云）性颇激厉，少威重，有所是非，形于造次，士或以此少之①。"

　　既颇激厉，又少威重，少之可矣。

　　《旧唐书·崔弘礼传》云："（弘礼）所居无可尚之绩，虽缮完②有素，然善治生蓄积，物议少之。"

　　无可尚之绩，善治生蓄积，少之可矣。

　　《宋史·潘慎修传》云："当时（按，时在北宋真宗之世）士大夫与之（按，即潘慎修）游者，咸推其素尚③。然（慎修）颇恃前辈，待后进倨慢，人以此少之。"

　　咸推素尚，待后进慢，少之可乎？

────────────

　①　少之：短之。

　②　缮完：泛指修缮。

　③　素尚：朴素高尚之情操。

《宋史·徐清叟传》云："清叟父子兄弟皆以风节相尚，而清叟劾罢袁甫，于公论少贬云。"

劾甫者何？史嵩之主和议，甫奏劾之，疏入不报。嵩之帅江西，未几竟擢刑部尚书。嵩之诰命，甫不与书行，遂出甫知江州。恰此时，清叟疏劾袁甫。《宋史·袁甫传》于此有云："……而殿中侍御史徐清叟复论甫（按，甫时为起居郎兼中书舍人，时在南宋理宗之世）守富沙日赃六十万，汤巾等又争之，清叟亦悔。未几，改知婺州，（甫）不拜。"

公论贬之，己亦悔之，少之可乎？

《晋书·阮籍传》云："籍又能为青白眼，见礼俗之士，以白眼对之。（籍母卒）及嵇喜（按，嵇康兄）来吊，籍作白眼，喜不怿①而退。喜弟康（按，即嵇康）闻之，乃赍酒携琴造焉。籍大悦，乃见青眼。由是礼法之士疾之若仇，而帝（按，即曹魏元帝曹奂）每保护之。"

《竹林七贤图》（局部）（明张灵绘）

---

① 不怿：不悦。

白眼青眼，礼法疾之，护之可乎？

《新唐书·唐扶传》云：

（扶）进中书舍人，出为福州观察使。滥杀人，风绩①不立。会卒，奴婢争财，有司按其赀至十余万，时议訾薄②之。

时议嗤之，卒亦随之，少之可乎？

《旧唐书·裴胄传》云：

时武臣多厮养畜宾介③，微失则奏流死，胄（按，时为荆南节度使兼御史大夫）以书生始，奏贬书记梁易从，君子薄其进退宾客不以礼，物议薄之。

君子薄之，物议薄之，少之可乎？

范云居官何？"（云）及居选官，任守隆重，书牍盈案，宾客满门，云应对如流，无所壅滞，官曹文墨，发擿④若神，时人咸服其明赡。"⑤ 既能神明，何少威重？

---

① 风绩：政绩。

② 訾薄：即"嗤薄"，讥嘲鄙薄。

③ 宾介：贤宾。

④ 发擿：揭发；举发。

⑤ 见《梁书·范云传》。

弘礼何以进？举其事一。唐宪宗元和中，吕元膺为东都留守，以弘礼为从事，时有谋袭东都（按，即洛阳）者。"弘礼为元膺筹画，部分①兵众，以固东都，卒亦无患。累除汾州、棣州刺史。"②

举其事二。唐穆宗长庆二年（822），汴州李齐反，急诏弘礼为河南尹兼御史大夫、东都畿汝都防御副使。"齐平，迁河南节度使。整练戈矛，颇壮戎备。"③

《旧唐书》评为："留心军旅之要，用此累更选用。"其一边升迁，一边蓄积，少之可乎？

慎修官评何？慎修本南唐臣，江南旧臣多言李煜暗懦，事多过实。宋真宗以问慎修，对曰："煜或懵理若此，何以享国十余年？"④真宗谓慎修温雅不忘本，得臣子之操。

既不忘本，何慢后进？少之可矣。

清叟为官何？盗贼频发，监司帅守辄行专杀。清叟感此，上疏有言："欲望明行禁止，一变臣下嗜杀希进之心，以无坠祖宗立国仁厚之意。"⑤

及袁甫诋和，其行后悔之事，何也？

---

① 部分：裁决；处理。
② 见《旧唐书·崔弘礼传》。
③ 见《旧唐书·崔弘礼传》。
④ 见《宋史·潘慎修传》。
⑤ 见《宋史·徐清叟传》。

阮籍闻母终，"举声一号，吐血数升"①。及母将葬，阮籍"举声一号，因又吐血数升"②。人有来吊，籍何视以白眼？

"（唐文宗）大和五年，（扶）为山南宣抚使，内乡仓督邓琬负度支漕米七千斛，吏责偿之，系其父子至孙凡二十八年，九人死于狱，扶奏申释之。"③ 有诏释之。扶何滥杀，又何多赀？

"（贵人宣命）胄待之有节，皆不盈数金，常赋之外无横敛，宴劳礼止三爵，未尝酣乐。"④ 胄为书生，何轻奏贬人？

《宋史·刘筠传》云："（筠）性不苟合，临事明达，而其治尚简严。然晚为阳翟同姓富人奏求恩泽，清议少之。"既不苟合，又何奏求？

玄宗初即位，军国庶务，多访于崇。崇时为兵部尚书、同中书门下三品。《旧唐书·姚崇传》于此有云：

姚崇像

---

① 见《晋书·阮籍传》。
② 见《晋书·阮籍传》。
③ 见《新唐书·唐扶传》。
④ 见《旧唐书·裴胄传》。

崇独当重任，明于吏道，断割不滞。然纵其子光禄少卿
彝、宗正少卿异广引宾客，受纳馈遗，由是为时所讥。

既明吏治，又何纵子？

有情之实，伴以无情之名；高尚之实，伴以少之之名。千载
而下，安可不慎也欤？

然而，心有所思，事有所补。宋真宗咸平年间，侍其曙迁左
侍禁，领东西排岸司，与谢德权提举在京仓草场。曙尝于仓隙地
牧牛羊，为德权所讼。《宋史·侍其曙传》于此接续云：

> 真宗以问德权曰："牛羊食仓粟邪？"曙闻而自劾①，帝
> 勉谕之。它日，召曙问："汝才孰与德权？"对曰："德权畏法
> 慎事，臣乃敢于官仓牧牛羊，是不及也。"人多称之。

明己之过，扬人之善，少之者退，称之者来，千载而下，岂
不美哉！

---

① 自劾：检举自己之过失。

有　验

实何以求？验之可也。"帝（按，即晋武帝司马炎）尝阅《六代论》，问志（按，即曹志，曹魏陈思王曹植庶子）曰：'是卿先王（按，即曹植）所作邪？'"

《晋书·曹志传》于此接续云："志对曰：'先王有手所作目录，请归寻按。'还奏曰：'按录无此。'帝曰：'谁作？'"

《晋书》接续云："志

晋武帝司马炎像

曰：'以臣所闻，是臣族父冏所作。以先王文高名著，欲令书传于后，是以假托。'"

究为谁作？曹志不谬。正如晋武帝所言："'父子证明，足以为审。自今已后，可无复疑。'"① 可谓无疑焉。

实何以验？明之可也。"（唐宪宗）元和八年，回鹘请和亲，朝廷以仰费广剧②，欲纾以期。诏侑（按，即殷侑，时为太常博士）、宗正少卿李孝诚使回鹘。可汗骄甚，盛陈甲兵，欲臣使者，侑不为屈。"

《新唐书·殷侑传》于此接续云："已传命，虏责其倨，宣言欲留不遣，众色怖，侑徐曰：'可汗，唐婿，欲坐③屈使者拜，乃可汗无礼，非使臣倨也。'"

究谁为倨？殷侑不屈。故而，"虏惮其言，不敢逼"④。可谓有效焉。

实何以来？核之可也。"（辽道宗）咸雍初，（萧陶隗）任马群太保。素知群牧名存实亡，悉阅旧籍，除其羸病，录其实数，牧人畏服⑤。"

《辽史·萧陶隗传》于此接续云："陶隗上书曰：'群牧以少为多，以无为有。上下相蒙，积弊成风。不若括见真数，著为定籍，公私两济。'"

---

① 见《晋书·曹志传》。

② 广剧：犹浩繁。

③ 坐：坐罪。

④ 见《新唐书·殷侑传》。

⑤ 畏服：因畏惧而服从、敬服。

究为谁实？陶隗无私。"（道宗）从之。畜产岁以蕃息。"① 可谓大公矣。

验之以实，待之以时。唐太宗将征辽东，遣张俭率蕃兵先行抄掠，时俭为营州都督，兼护东夷校尉。《旧唐书·张俭传》于此接续云：

> 俭军至辽西，为辽水泛涨，久而未渡，太宗以为畏懦，召还。

既召还，当何如？"俭诣洛阳谒见，面陈利害，因说水草好恶，山川险易，太宗甚悦，仍拜行军总管，兼领诸蕃骑卒，为六军前锋。"②

诈表无验，可为实否？《魏书·韩秀传》附《韩务传》有云：

> 边人李旻、马道进等许杀萧衍（按，即南梁武帝）黄坂戍主，率户来降。务（按，时为平北长史）信之，遣兵千余人迎接。户既不至，而诈表破贼，坐以免官。

诈称无验，可为实否？　《魏书·源贺传》附《源子恭传》有云：

---

① 见《辽史·萧陶隗传》。
② 见《旧唐书·张俭传》。

萧衍（按，即南梁武帝）亡人许周自称为衍给事黄门侍郎，朝士翕然，咸共信待①。

源子恭独疑之，为此上书朝廷。时子恭为司徒祭酒、尚书北主客郎中，摄南主客事。《魏书》于此接续有云：

秦始皇嬴政像

于是诏推访，周（按，即许周）果以罪归阙，假称职位，如子恭所疑。

预言未验，可为实否？《史记·滑稽列传》之《优旃传》有云："始皇（按，即秦始皇）尝议欲大苑囿，东至函谷关，西至雍、陈仓。优旃曰：'善。多纵禽兽于其中，寇从东方来，令麋鹿触之足矣。'始皇

_____

① 信待：信任。

以故辍止①。"

有验之实不为妄，无验之实未必妄。广其信、增其智、度其远，岂无验乎！

验由实证，岂可妄言？北魏宣武帝之世，田益宗由平南将军、安南将军，改授使持节、镇东将军、济州刺史。但是，"益宗生长边地，不愿内荣，虽位秩崇重，犹以为恨……"

巩义石窟寺北魏"帝后礼佛图"浮雕（局部）

《魏书·田益宗传》于此言其上表有云："乞检事原，以何

---

① 辍止：中止；停止。

为验？"表甚哀怨，亦颇激愤。实则前于此，《魏书》已言其不法事：

> 益宗年稍衰老，聚敛无厌，兵民患其侵扰。诸子及孙竞规贿货①，部内苦之，咸言欲叛。

宣武帝遣人核验，不法事由此坐实。

有验无验，以实来看，实则愈发真切，虚则愈发缥缈。

---

① 贿货：财物；贿赂。

耻　之

耻者何也？耻之何如？体而悟之，明而备之，可已矣。

达官造其门，钱习礼耻之。明英宗正统九年（1444），习礼乞致仕，不许。明年，习礼迁礼部侍郎，时王振为司礼监掌印太监。《明史·钱习礼传》于此接续云：

> 王振用事，达官多造其门，习礼耻为屈。（正统）十二年六月复上章乞骸骨，乃得归。

既体之，则明之；既明之，则去之。

隋文帝不顾，刘行本耻之。《隋书·刘行本传》云："上（按，即隋文帝杨坚）尝怒一郎，于殿前笞之。"

行本不忍，进言曰："此人素清，其过又小，愿陛下稍宽假之。"①

---

① 见《隋书·刘行本传》。

隋文不顾，行本不快，更进言曰："陛下不以臣不肖，置臣左右。臣言若是，陛下安得不听？臣言若非，当致之于理，以明国法。岂得轻臣而不顾也！臣所言非私。"①

隋文帝杨坚像

既体之，则明之；既明之，则了之。《隋书》于此接续云：

（行本）因置笏于地而退，上敛容谢之，遂原所答者。

———————————————

① 见《隋书·刘行本传》。

钱镠豪奢，钱宽耻之。《旧五代史·钱镠传》云：

> 镠于临安故里兴造第舍，穷极壮丽，岁时游于里中，车徒雄盛，万夫罗列。

宽闻其至，走避之。镠闻其避，步访之。《旧五代史》于此接续云：

钱镠像

宽（按，镠父）曰：“吾家世田渔为事，未尝有贵达如此，尔今为十三州主，三面受敌，与人争利，恐祸及吾家，所以不忍见汝。”镠泣谢之。

何以不忍？耻之也。何以泣谢？愧之也。

以所输之劣，故示之耻。“先是，受调绢匹，度尺特长，在事因缘，共相进退，百姓苦之。”

《魏书·杨播传》附《杨津传》，于此接续云：“津（按，时为右将军、华州刺史）乃令依公尺度其输物，尤好者赐以杯酒而出，所输少劣，亦为受之，但无酒，以示其耻。于是人竞相劝，官调更胜旧日。"

何以有酒，何以无酒？耻之也，劝之也。

所行劣，故耻之。《北齐书·祖珽传》云：

> （珽）性不羁放纵，曾至胶州刺史司马世云家饮酒，遂藏铜叠①二面。厨人请搜诸客，果于珽怀中得之，见者以为深耻。

何以无耻，何以有耻？无可言，无以劝。

以前后不一，故耻之也。韦著欲隐，一切征辟，皆不就之。《后汉书·韦著传》接续有云：

> （汉灵帝）诏书逼切，不得已，解巾之郡。政任威刑，为受罚者所奏，坐论输左校。又后妻骄恣乱政，以之失名，竟归，为奸人所害，隐者耻之。

何以被奏，何以失名？无如之何，言之可也。

知惭近乎明。《宋史·孙何传》云：

> 何先已被疾，勉强亲职，一日，奏事上前，坠奏牍于地，

---

① 铜叠：铜制的碟子。

俯而取之，复坠笏。有司劾以失仪。（宋真宗）诏释之。何
惭，上章求改少卿监，分司西京养疾，上不许，第赐告，遣
医诊视。

惭者耻乎？明去就，非耻也。知耻近乎勇。《明史·孙汝敬
传》云：

　　永乐二年（汝敬）庶吉士，就学文渊阁，诵书不称旨，
即日遣戍江南，数日复之。自此刻厉①为学，累迁侍讲。

刻厉勇也，非耻可耻，明之不耻，备之不耻。

---

① 刻厉：刻苦自励。

巧佞

饰以忠，周之柔，发乎巧，止于佞，此之谓巧佞。

或托以公，所言可谓佞矣。《旧唐书·杨再思传》云：

武则天像

长安（按，武则天年号）末，昌宗（按，即张昌宗，时为司仆卿，引妖人占卜，图谋不轨）既为法司所鞫，司刑少卿桓彦范断解其职。昌宗俄又抗表称冤，则天意将申理①昌宗。廷问宰臣曰："昌宗于国有功否？"再思（按，时为

---

① 申理：为受冤屈之人昭雪。

内史）对曰："昌宗往因合炼神丹，圣躬服之有效，此实莫大之功。"则天甚悦，昌宗竟以复职。

昌宗幸臣，以姿貌见宠，何功之有？再思巧佞，以谄媚取悦，功莫大焉。其于昌宗，竟谀之曰：

> 人言六郎（按，即张昌宗）面似莲花；再思以为莲花似六郎，非六郎似莲花也。①

天纵其才，妙口生花。大唐气象，急转直下，衰败之气，日甚一日。巧佞之近，端直之远，国家大危。② 信哉斯言！

或托以符，所言可谓佞矣。《隋书·律历志中》云：

> 时（按，北周末年）高祖（按，即隋文帝杨坚）作辅，方行禅代之事，欲以符命曜于天下。道士张宾，揣知上意，自云玄相，洞晓星历，因盛言有代谢之征，又称上仪表非人臣相。由是大被知遇，恒在幕府。及受禅之初，擢宾为华州刺史……

---

① 见《旧唐书·杨再思传》。

② 见《吕氏春秋·情欲》，原文为："巧佞之近，端直之远，国家大危，悔前之过，犹不可反。"

张宾道士，以谀见知，何功之有？既被知遇，其佞即见。《隋书》于此接续云：

> 张宾所创之历既行，刘孝孙（按，时为知历事）与冀州秀才刘焯，并称其失，言学无师法，刻食①不中，所驳凡有六条……

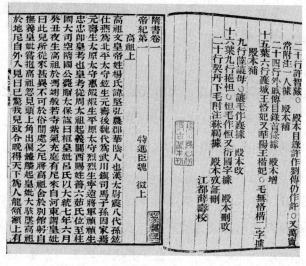

《隋书》书影

于是，张宾言孝孙"非毁天历，率意迁怪"②，言刘焯"妄相扶证，惑乱时人"③，二人竟以他事斥罢。

---

① 刻食：时间。

② 见《隋书·律历志中》。

③ 见《隋书·律历志中》。

天纵其才，竟成其事。其巧其佞，似非天纵。近巧佞，斥端直，宁有难乎？

或托以情，所言可谓佞矣。《后汉书·吴良传》云："（良）初为郡吏，岁旦与掾史入贺，门下掾王望举觞上寿，谄称太守功德。"

当此之时，端直之人，情何以堪。《后汉书》于此接续云：

> 良于下坐勃然进曰："望佞邪之人，欺谄无状，愿勿受其觞。"太守敛容而止。宴罢，转良为功曹……

巧佞之远，端直之近，无过可悔，人之幸也！

或托以直，佞在平素矣。《新五代史》言朱守殷："少事唐庄宗（按，即后唐庄宗李存勖）为奴，名曰会儿，庄宗读书，会儿常侍左右。"[1] 又言守殷"好言人阴私长短以自结，庄宗以为忠"[2]。以至于守殷战败，庄宗虽骂曰："驽才，果误予事！"[3] 而终不行军法。《新五代史·朱守殷传》于此接续云：

> 庄宗东讨，守殷将骑军阵宣仁门外以俟驾。郭从谦作乱，犯兴教门以入，庄宗亟召守殷等军，守殷按军不动。庄宗独

---

[1] 见《新五代史·朱守殷传》。

[2] 见《新五代史·朱守殷传》。

[3] 见《新五代史·朱守殷传》。

与诸王宦官百余人射贼，守殷等终不至，方移兵憩北邙山下，闻庄宗已崩，即驰入宫中，选载嫔御①、宝货以归，纵军士劫掠，遣人趋明宗（按，即后唐明宗李嗣源）入洛。

以端直貌，行巧佞事，何可言？庄宗独射，守殷入宫，谁之过？

---

① 嫔御：帝王之侍妾、宫女。

绝 艺

武艺绝，手艺绝，文艺绝，美矣哉！

何灌之艺，可谓绝矣。北宋神宗之世，何灌武选登第，由河东从事，迁府州、火山军巡检。《宋史·何灌传》于此有云：

> 贾胡瞳有泉，辽人常越境而汲，灌亲审画界堠，遏其来，忿而举兵犯我。灌迎高射之，发辄中，或着崖石皆没镞①，敌惊以为神，逡巡敛去。

辽人目为神射，夏人目之为何？《宋史》接续有云：

> （灌）为河东将，与夏人遇，铁骑来追，灌射皆彻甲，至洞胸出背，叠贯后骑，羌惧而引却。

---

① 或着崖石皆没镞：有的箭头都射到石头里面去了。

辽人惊之，夏人惧之，其勇也绝，其心也忠。

康生之艺，可谓绝矣。《魏书·奚康生传》云："康生性骁勇，有武艺，弓力十石，矢异常箭，为当时所服。"

边境之上，南齐设城，康生从讨之。"鸾（按，即南齐明帝萧鸾）将张伏护自升城楼，言辞不逊，肃（按，即王肃，时为讨齐统帅，时在北魏孝文帝之世）令康生射之。以强弓大箭望楼射窗，扉开即入，（伏护）应箭而毙。彼民见箭，皆云狂弩。"

艺何以绝？勇乎智乎？吐京胡反，康生从讨之。兵分五军，四军俱败，康生军独全。《魏书》于此接续云：

（康生）率精骑一千追胡至车突谷，诈为坠马，胡皆谓死，争欲取之。康生腾骑奋矛，杀伤数十人，胡遂奔北。

其艺也绝，其心也忠，其勇也智，其智也勇。

洪谟之艺，可谓绝矣。《明史·周洪谟传》云：

以蔡（按，即蔡沈，南宋学者）《传》（按，即《书集传》，宋《尚书》经学代表作）所释璇玑玉衡①，后人遵用其制，考验多不合，宜改制，帝（按，即明宪宗朱见深）即属洪谟（按，时为礼部右侍郎）。洪谟易以木，旬日而就。

---

① 璇玑玉衡：语出《尚书·舜典》，此处指观测天象之仪器，多玉饰。

《明史》有言：洪谟博闻强记，善文辞，熟国朝典故，喜谈经济。于此可见，其艺也绝，其闻也广，其就也难，其就也易。

周洪谟塑像

刘元之艺，可谓绝矣。《元史·方技·刘元传》云：

> 有刘元者，尝从阿尼哥（按，元帝师八思巴弟子，善雕塑）学西天梵相，亦称绝艺。……后（按，时在元世祖忽必烈之世）大都南城作东岳庙，元为作仁圣帝（按，即泰山神）像，巍巍然有帝王之度，其侍臣像，乃若忧深思远者。

艺何以绝？难乎易乎？《元史》于此接续云：

始元欲作侍臣像，久之未措手①，适阅秘书图画，见唐魏
征像，矍然②曰："得之矣，非若此，莫称为相臣者。"遽走
庙中为之，即日成，士大夫观者，咸叹异焉。

其艺也绝，其心也专，其难也易，其易也难。

德言之艺，可谓绝矣。其博涉经史，尤精《春秋左氏传》。其
好属文章，文集三十卷行于世。其晚年尤笃志于学，白昼达夜，
略无休倦。《旧唐书·萧德言传》于此有云：

> 每欲开"五经"（按，时在唐太宗之世，时唐高宗为晋
> 王），（德言）必束带盥濯，危坐对之。妻子候间③请曰："终
> 日如是，无乃劳乎？"德言曰："敬先圣之言，岂惮如此。"

是言是行，武恪有之。《元史·武恪传》云："恪好读《周
易》，每日坚坐。或问之曰：'先生之学，以何为本？'恪曰：'以
敬为本。'"

维桢之艺，可谓绝矣。《明史·杨维桢传》云：

> 会（按，时在元顺帝之世）修辽、金、宋三史成，维桢

---

① 措手：着手处理。
② 矍然：惊惧貌；惊视貌。
③ 候间：等待间隙。

著《正统辩》千余言，
总裁官欧阳元功读且叹
曰："百年后，公论定
于此矣。"

艺何以绝？易乎难乎？
《明史》前于此有云：

> （维桢）少时，日
> 记书数千言。父宏，筑
> 楼铁崖山中，绕楼植梅
> 百株，聚书数万卷，去
> 其梯，俾（维桢）诵读
> 楼上者五年，因自号
> 铁崖。

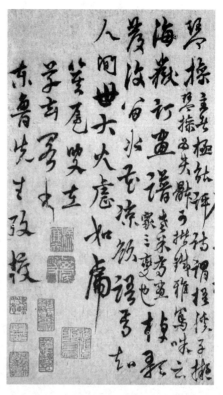

杨维桢书法

其子也绝，其父也绝，其易也难，其难也易。

何灌之叠贯后骑，康生之诈死奋矛，洪谟之易之以木，刘元之矍然得之，德言之略无休倦，武恪之以敬为本，维桢之去梯在楼，盖艺绝之大略也。

艺之绝源人之绝，外之绝源内之绝，无由苦心之孤诣，不达自由之彼岸。

猜 忌

　　高祖（按，即隋文帝杨坚）性猜忌，素不悦学，既任智而获大位，因以文法自矜，明察临下。恒令左右觇视内外，有小过失，则加以重罪。①

自矜者矜人。《隋书·刑法志》于此接续云：

　　（隋文帝）又患令史藏污，因私使人以钱帛遗之，得犯立斩。每于殿廷打人，一日之中，或至数四。

杨坚立隋，一统天下，明察如是，憾哉猜忌！
义宣举兵反，朝野大惧，骏欲迎之，诞固执不可。《宋书·竟陵王诞传》于此接续云：

---

　　① 见《隋书·刑法志》。

帝（按，即刘宋世祖刘骏，刘宋文帝第三子）加诞（按，即刘诞，刘宋文帝第六子）节，仗士五十人，出入六门。上流平定，诞之力也。

前于此，诞亦有力。"初讨元凶（按，即刘宋文帝刘义隆太子刘劭，弑父自立），与上同举兵，有奔牛之捷，至是（按，讨平刘义宣）又有殊勋，上性多猜，颇相疑惮。而诞造立第舍，穷极工巧，园池之美，冠于一时。多聚才力之士，实之第内，精甲利器，莫非上品，上意愈不平。"①

刘宋文帝刘义隆等绣像

既见猜矣，举兵反矣，竟伏诛矣。诞文帝子，骏文帝子，同讨刘劭，同平义宣，何以反目，相煎何急？

"友谅性雄猜，好以权术驭下。"② 赵普胜骁将，先归朱元

① 见《宋书·竟陵王诞传》。
② 见《明史·陈友谅传》。

璋，后归陈友谅。《明史·陈友谅传》于此有云：

陈友谅塑像

太祖（按，即明太祖朱元璋）患之，啖普胜（按，时为陈友谅守安庆）客，使潜入友谅军间普胜。普胜不之觉，见友谅使者辄诉功，悻悻有德色。

悻悻者何？《明史》于此接续云："友谅衔之，疑其贰于己，以会师为名，自江州猝至。普胜以烧羊逆于雁汉。甫登舟，友谅即杀普胜，并其军。"

既不之觉，间之何妨！既贰于己，杀之何妨！

西汉立，黥布封淮南王，吕后诛功臣，布有疑惧。其所幸姬有疾，请就医，医家与布中大夫贲赫对门，姬数如医家，赫乃厚馈遗，从姬饮医家。于是，布有猜忌。《史记·黥布传》于此有云：

姬侍王（按，即淮南王黥布），从容语次①，誉赫长者
也。王怒曰："汝安从知之?"具说状。王疑其与乱②。赫恐，
称病。王愈怒，欲捕赫。

于是，赫奔长安，言布谋反。于是，布族赫家，举兵以反。
于是，大汉出兵，击灭黥布。

身死人手，为天下笑者，何也?③

《周书·宇文测传》云：

或有告测（按，时测为使持节、骠骑大将军、开府仪同
三司、大都督、行汾州事）与外境交通，怀贰心者。太祖
（按，即北周文帝宇文泰）怒曰："测为我安边，吾知其无贰
志，何为间我骨肉，生此贝锦④?"乃命斩之。仍许测以便宜
从事。

文测太祖之族子，为国守边，间之者何心?斩之可矣。

《金史·张玄素传》云：

---

① 语次：交谈之间。

② 乱：淫乱。

③ 转引自贾谊《过秦论》，原文为："一夫作难而七庙隳，身死人手，
为天下笑者，何也?"

④ 贝锦：喻谗言。

　　玄素在东京,希海陵（按，即海陵王完颜亮，金朝第四位皇帝）旨，言世宗（按，即金世宗完颜雍，金朝第五位皇帝）尝取在官黄粮①，及摭②其数事。

　　及世宗即位，玄素来见，"世宗一切不问"③。玄素言宜早幸燕京，"上（按，即金世宗）深然之"④。

　　《金史》有言，"玄素厚而刚毅"，其为国建言，毋庸猜忌！

　　猜忌与否，似身不由己；加祸于人，似罪在他人。鸣呼哀哉！太祖之怒斩间者，世宗之一切不问，不亦壮哉！

---

① 黄粮：犹皇粮。
② 摭：搜集。
③ 见《金史·张玄素传》。
④ 见《金史·张玄素传》。

贪 鄙

贪而纵，纵而鄙，天诱之，人丑之，安可言？

贪鄙者轻纵，故而无状。《宋史·杨崇勋传》有云：

宋真宗赵恒像

> 崇勋性贪鄙，久任军职。当真宗（按，即宋真宗赵恒）时，每对，辄肆言中外事，喜中伤人，人以是畏之。

其鄙如此，其贪何如？《宋史》于此接续云：

（崇勋）在藩镇日，尝役兵工作木偶戏人，涂以丹白，舟载鬻于京师。

贪鄙者迷离，故而无状。"赜（按，即南齐武帝萧赜）初为太子时，特奢侈，道成（按，即南齐高帝萧道成）每欲废之……"①

南齐武帝萧赜景安陵石刻

《魏书·岛夷萧道成传》于此接续云：

赜性贪惏②……赜尝至其益州刺史刘悛宅昼卧，觉，悛自

---

① 见《魏书·岛夷萧道成传》。
② 贪惏：贪婪，不知足。

捧金澡盘①面广三尺，爱姬执金澡灌②受四升，以充沃盥，因以奉献。颐纳之。其好利若此。

《魏书》于此接续云："颐游猎无度，其殿中将军邯郸超上表谏，颐杀之。"

贪鄙者不法，故而无状。"行珪（按，时为安州节度使，时在后唐明宗之世）性贪鄙，所为多不法，副使范延策，为人刚直，数规谏之，行珪不听，衔之。"③《新五代史·高行珪传》于此接续云：

已而戍兵有谋叛者，行珪先觉之，因潜徙库兵于他所。戍兵叛，趋库劫兵无所得，乃溃去，行珪追而杀之。因诬奏延策同反，并其子皆见杀，天下冤之。

贪鄙者狂妄，故而无状。北魏孝明帝即位，赵邕除平北将军、幽州刺史。《魏书·赵邕传》于此有云：

（邕）在州贪纵。与范阳卢氏为婚，女父早亡，其叔许之，而母不从。母北平阳氏携女至家藏避规免④，邕乃拷掠阳

---

① 澡盘：古代盥洗用具。
② 澡灌：即"澡罐"，盛盥漱用水的器皿。
③ 见《新五代史·高行珪传》。
④ 规免：设法免除。

叔，遂至于死。

赵邕缘此，而坐处死，会赦得免，犹当除名。

贪鄙者污秽，故而无状。"（琡）受纳货贿，曲法舞文，深情刻薄，多所伤害，士民畏恶之。"①

《北齐书·薛琡传》于此接续云：

> 魏东平王元匡妾张氏淫逸放恣，琡初与奸通，后纳以为妇。惑其谗言，逐前妻于氏，不认其子，家内怨忿，竞相告列，深为世所讥鄙。

贪鄙者横暴，故而无状。《魏书·尔朱仲远传》云：

> 仲远（按，时为督东道诸军、本将军、兖州刺史，时在北魏前废帝之世）天性贪暴，大宗富族，诬之以反，殁其家口，簿籍财物，皆以入己，丈夫死者投之河流，如此者不可胜数。诸将妇有美色者，莫不被其淫乱。

贪鄙者阴狠，故而无状。宣武帝正始五年（508），北魏围钟离，南梁遣军送粮。时刘思祖为平远将军，率魏军遏其前锋，大破之。《魏书·刘芳传》附《刘思祖传》，于此接续云：

----

① 见《北齐书·薛琡传》。

　　尚书论功拟封（思祖）千户侯。思祖有二婢，美姿容，善歌舞，侍中元晖求之不得，事遂停寝①。

　　贪鄙者狼戾，故而天诛。"云南三十七部都元帅宝合丁专制岁久，有窃据之志，忌忽哥赤（按，元世祖忽必烈第五子）来为王（按，即云南王），设宴置毒酒中，且赂王相府官无泄其事。"②

　　《元史·张立道传》于此接续云：

　　　　立道（按，时为王府文学）闻之，趋入见，守门者拒之，立道怒与争，王闻其声，使人召立道，乃得入，为王言之。王引其手，使探口中，肉已腐矣。是夕，王薨。宝合丁遂据王座，使人讽王妃索王印。

　　观其所为，不足言也。日后伏诛，宜其所终！

　　贪鄙者浅薄，故而无状。正德初，刘宇进右都御史，总督宣府、大同、山西军务，私市善马以赂权要。由是，兵部尚书刘大夏因孝宗召见，语及之。《明史·刘宇传》于此接续云："帝（按，即明孝宗朱祐樘）密遣锦衣百户邵琪往察，宇厚赂琪，为之抵讳③。"

---

①　停寝：止息。

②　见《元史·张立道传》。

③　抵讳：隐瞒；抵赖。

明孝宗朱祐樘像

后再召对，孝宗言于大夏曰：此小人也。《明史》于此有云："宇闻，以大夏不为己地，深憾之。"

后结权宦刘瑾，瑾以为贤。《明史》于此有云：

> 瑾初通贿，望不过数百金，宇首以万金贽，瑾大喜曰："刘先生（按，即刘宇）何厚我。"寻转兵部尚书，加太子太傅。

呜呼！刘宇贪鄙，竟送万金！刘瑾贪鄙，竟呼先生！

横流的物欲，倾泻的虚妄，漂浮的诡异，这一切，可惊醒了后人？

清风猎猎，清者自清。西魏废帝元年（552），窦炽除大都督、原州刺史。炽抑挫豪右，申理幽滞，每亲巡垄亩，劝民耕桑。在州十载，甚有政绩。《周书·窦炽传》于此接续云：

> 州城之北，有泉水焉，炽屡经游践①，尝与僚吏宴于泉

---

① 游践：游历；实地游览。

侧，因酌水自饮曰："吾在此州，唯当饮水而已。"

人心自明，日月可鉴。隋文帝之世，赵轨为齐州别驾，在州四年，考绩连最，被征入朝。《隋书·赵轨传》于此接续云：

父老相送者，各挥涕曰："别驾在官，水火不与百姓交，是以不敢以壶酒相送。公清若水，请酌一杯水奉饯。"轨受而饮之。

饮水愿何愿？饮水饯何感？贪鄙者有否？

大 言

大言何言？言过其实是也。终言之何？宜其不幸是也。

明世宗朱厚熜像

俺答薄都城，谩书求贡，赵贞吉时为中允，掌司业事。《明史·赵贞吉传》于此接续云：

> （明世宗）诏百官廷议，贞吉奋袖大言曰："城下之盟，《春秋》耻之。既许贡则必入城，倘要索无已，奈何？"

> 世宗大悦，立擢之

左谕德兼监察御史，奉敕宣谕诸军。"时敌骑充斥，贞吉驰入诸将营，散金犒士，宣谕德意，明日即复命。"①

世宗大怒，下之于狱，杖之于廷，谪之至边。其言之凿凿，其蹈之藉藉，其滑稽可笑，责之可也宜也。

安禄山反，封常清时为北庭都护，持节伊西节度使。唐玄宗引见之，问以讨贼之策。《新唐书·封常清传》于此接续云：

> 常清见帝忧，因大言曰："天下太平久，人不知战。然事有逆顺，势有奇变，臣请驰至东京（按，即洛阳），悉府库募骁勇，挑马棰②度河，计日取逆胡首以献阙下。"

玄宗壮之，以常清为范阳节度副大使，急赴东京。"常清募兵得六万人，然皆市井庸保，乃部分旗帜，断河阳桥以守。"③

常清一战不利，再战不胜，复败西奔，而至于陕。玄宗先削其官，再诏戮死。人多哀之，而忘其大言，呜呼哀哉！

高聪微习弓马，乃以将略自许。孝文帝锐意南讨，聪托言于孝文，愿以偏裨自效，故假聪辅国将军，以援涡阳。《北史·高聪传》于此接续云：

---

① 见《明史·赵贞吉传》。

② 马棰：马杖；马鞭。

③ 见《新唐书·封常清传》。

聪躁怯少威重，及与贼交，望风退败。孝文（按，即北魏孝文帝元宏）恕死，徙平州。

大言如考，虚实有验，用人当诚，岂可忽邪？《三国志·蜀书·马谡传》有云：

（谡）才器过人，好论军计，丞相诸葛亮深加器异①。先主临薨谓亮曰："马谡言过其实，不可大用，君其察之！"亮犹谓不然，以谡为参军，每引见谈论，自昼达夜。

诸葛亮像

亮不然之，其害来矣。《三国志》于此接续云：

建兴六年，亮出军向祁山，时有宿将魏延、吴壹等，论者皆言以为宜令为先锋，而亮违众

---

① 器异：器重；看重。

拔谡，统大众在前，与魏将张郃战于街亭，为郃所破，士卒离散。亮进无所据，退军还汉中。谡下狱物故，亮为之流涕。

亮于拔谡，悔之晚矣。每见必欢，兵败下狱，宜其死也。

湖北襄阳古隆中牌坊

崔暹正士，忧国如家，纠弹不避豪强，其家一贫如洗。但其性有诟，为人所病。《北齐书·崔暹传》于此有云：

……然而（暹）好大言，调戏无节。密令沙门明藏著《佛性论》而署己名，传诸江表（按，即南梁）。

《北齐书》于此接续云："子达拏年十三，暹（按，时为度支尚书，兼仆射，时在北齐文襄帝之世）命儒者权会教其说《周易》

两字，乃集朝贵名流，令达拏升高座开讲。赵郡眭仲让阳屈服之，遑喜，擢（达拏）为司徒中郎。邺下（按，即邺城）为之语曰：'讲义两行得中郎。'"

谮毁踵至，众口不免。"……乃流遑于马城，昼则负土供役，夜则置地牢。岁余，奴告遑谋反，锁赴晋阳，无实，（文宣帝高洋）释而劳之。"虽得善终，宜其多舛！

鄢陵之战，晋胜楚败。"晋侯（按，即晋厉公）使郤至献楚捷于周，与单襄公语，骤称其伐①。单子（按，即单襄公）语诸大夫曰：'温季（按，即郤至）其亡乎？位在七人之下，而求掩其上。怨之所聚，乱之本也。多怨而阶乱，何以在位？……'"②

果不其然，后郤至身死，陈尸朝堂，宜其非命！

罗通有令名，大言毁其名。《明史·罗通传》终其传有言：

> 通好大言，遇人辄谈兵。自陈杀贼功，求世袭武职，为给事中王竑所劾，帝（按，即景泰帝朱祁钰）释不罪。

《明史》于此接续云："天顺（按，明英宗朱祁镇复辟后年号）初，自陈预谋迎驾，恐为石亨（按，发动夺门之变，拥立明英宗复辟）等所淹，（帝）乃授其二子所镇抚③。"史有所载，

---

① 骤称其伐：多次夸口自己的功劳。

② 见《左传·成公十六年》。

③ 乃授其二子所镇抚：于是皇帝授予他的两个儿子卫所镇抚。

名有所损，岂有疑焉！

　　洞察则明，失察则昧。"讙兜（按，尧时佞臣）进言共工，尧曰不可而试之工师①，共工果淫辟。四岳举鲧治鸿水②，尧以为不可，岳强请试之，试之而无功，故百姓不便。"③

　　进之以大言，试之以大言，皆曰之不可，何哉？子曰："为之难，言之得无切④乎！"⑤ 吾信矣夫！

尧帝像

---

①　工师：《史记正义》释之曰："若今大匠卿也。"

②　鸿水：洪水；大水。

③　见《史记·五帝本纪》。

④　切：言语谨慎。

⑤　见《史记·仲尼弟子列传》。

讹 言

讹言有自，何以止之？

（明孝宗弘治九年）京师民讹言寇近边，兵部请榜谕①。
伸（按，即屈伸，时为礼科给事中）言："若榜示，人心愈
惊。昔汉建始中，都人讹言大水至，议令吏民上城避之。王
商不从，顷之果定。今当以为法。"事遂寝。②

先是，"（明孝宗弘治六年）五月丙寅，小王子犯宁夏，杀指
挥赵玺。……（六月）壬申，都御史闵珪击破古田叛僮"③。叛服
不定，致有讹言，其可怪也欤？
势未成，明察之，何以来？有自也。

---

① 榜谕：张榜晓谕。
② 见《明史·屈伸传》。
③ 见《明史·孝宗本纪》。

（唐玄宗开元二十七年）冬十月，将改作明堂。讹言官取小儿埋于明堂之下，以为压胜①。村野童儿藏于山谷，都城骚然，咸言兵至。上恶之，遣主客郎王倩往东都及诸州宣慰百姓，久之定。②

先是，"（唐玄宗开元二十七年）五月癸卯，置龙武军官员。先是，郧国公主之子薛谂与其党李谈、崔洽、石如山同于京城杀人，或利其财，或违其志，即白日椎杀，煮而食之。其夏事发，皆决杀于京兆府门，谂以国亲流瀼州，赐死于城东驿"③。

后五年，讹言再起。"（唐玄宗天宝三载二月）闰月辛亥，有星如月，坠于东南，坠后有声。京师讹言官遣枨捕人肝以祭天狗。人相恐，畿县尤甚，发吏安之。"④

先是，"（唐玄宗天宝二年）夏六月甲戌夜，雷震东京应天门观灾，延烧至左、右延福门，经日不灭"⑤。

势已然，广谕之，何以来？有自也。

"（宋真宗天禧二年五月）丙戌，西京讹言妖如帽，夜蜚，民甚恐。……（六月）乙巳，讹言帽妖至京师，民夜叫噪达曙，诏捕尝

---

① 压胜：以符咒等法除邪得吉。
② 见《旧唐书·玄宗本纪下》。
③ 见《旧唐书·玄宗本纪下》。
④ 见《旧唐书·玄宗本纪下》。
⑤ 见《旧唐书·玄宗本纪下》。

吕夷简像

为邪法人耿概等弃市。"① 后于是，"（宋真宗天禧三年三月戊午朔）遣吕夷简体访陕、亳民讹言"②。

势未成，轻之矣。势已然，重之矣。何以来？疑存焉。

宋金对峙，茶之贸易，榷于边界。"章宗（按，即金章宗完颜璟）承安三年八月，以谓费国用而资敌，遂命设官制之。以尚书省令史承德郎刘成往河南视官造者，以不亲尝其味，但采民言谓为温桑，实非茶也，还即白上。上以为不干③，杖七十，罢之。"④

不亲尝，即信之。何以杖？信讹也。

"郑人相惊以伯有（按，郑国执政，骄奢被杀，此指伯有之鬼魂），曰'伯有至矣'，则皆走，不知所往。"⑤

---

① 见《宋史·真宗本纪三》。
② 见《宋史·真宗本纪三》。
③ 不干：无能，不称职。
④ 见《金史·食货志四》。
⑤ 见《左传·昭公七年》。

后是，"或梦伯有介而行①，曰：'壬子，余将杀带（按，即驷带，郑国之卿，杀伯有者）也。'"② 及壬子，驷带果卒，国人愈惧。子产立其子以抚之，乃止。

杜预《春秋经传集解》于此释曰："伯有无义，以妖鬼故立之。"子产于此则释曰：媚鬼而安民。

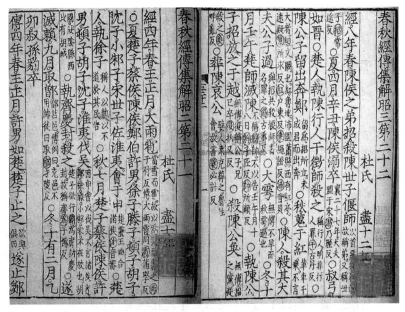

《春秋经传集解》书影

顺鬼意，安人心，姑从之，何不可？

---

① 或：有人。介：穿甲。

② 见《左传·昭公七年》。

临 义

总有感动会痛彻肺腑，总有感动会留下启迪，也总有感动会留有遗憾。

束禾之取，何以必还？《魏书·鹿悆传》云：

> （悆）尝诣徐州，马疫，附船而至大梁。夜睡，从者上岸窃禾四束以饲其马。船行数里，悆（按，时为太师、彭城王元勰馆客，时在北魏孝明帝之世）觉，问得禾之处，从者以告。悆大悆，即停船上岸，至取禾处，以缣三丈置禾束下而返。

赏帛之请，何以不与？《魏书》于此接续有云：

> 广川人刘钧、东清河人房须反，劭（按，即青州彭城王元劭）遣悆监州军讨之，战于商山，颇有所捷。

《魏书》接续云："将统皆劭左右，擅增首级，妄请赏帛，悆面执①不与，劭弗从。念勃然作色曰：'竭志立言，为王为国，岂念家事！'不辞而出，劭追而谢焉。"

州城之围，何以要降？《魏书》接续有云：

　　天平（按，东魏孝静帝年号）中，（念）除梁州刺史。时荥阳民郑荣业等聚众反，围逼州城。念不能固守，遂以城降。

小节而大忿，中节而作色，大节而失节，何耶？

一将之惭，何以责之？《旧唐书·段秀实传》云：

　　（天宝）七载，高仙芝代灵察（按，即马灵察，时为安西节度使），举兵围怛逻斯（按，西域之古地），黑衣（按，即黑衣大食）救至，仙芝大衄②，军士相失。（秀实）夜中闻都将李嗣业之声，因

段秀实像

---

①　面执：当面争论。

②　大衄：军队受到重创。

大呼责之曰："军败而求免，非丈夫也。"嗣业甚惭，遂与秀实（按，时为安西府别将）收合散卒，复得成军。

一座皆在，何以击之？泾原兵变，长安沦陷，德宗出逃。朱泚怀逆，盗据宫阙。《旧唐书》于此接续云：

> ……泚召秀实（按，时为司农卿）议事，源休、姚令言、李忠臣、李子平（按，皆泚党）皆在坐。秀实戎服，与泚并膝，语至僭位，秀实勃然而起，执休腕夺其象笏，奋跃而前，唾泚面大骂曰："狂贼，吾恨不斩汝万段，我岂逐汝反耶！"遂击之。

《旧唐书》接续有云："泚举臂自捍，才中其颡，流血匍匐而走。……凶党群至，（秀实）遂遇害焉。"

大呼以励人，大骂以诘人，重节于平素，守节于危难，可谓社稷之臣矣。见危致命之谓忠，临义有勇之谓烈，秀实之谥"忠烈"，可谓至当矣。

誓以具死，终不舍去，奈何？隋末大乱，炀帝遇弑，越王称尊。时卢楚为内史令、左备身将军、摄尚书左丞、右光禄大夫，与元文都等同辅越王。及王充作乱，兵攻太阳门，武卫将军皇甫无逸斩关逃难，呼楚同去。《隋书·卢楚传》于此接续有云：

> 楚谓之曰："仆与元公（按，即元文都，时为内史令、开

府仪同三司、光禄大夫、左骁卫大将军、摄右翊卫将军）有约，若社稷有难，誓以俱死，今舍去不义。"

　　卢楚被执，死锋刃下。舍去不义，留则不生，鸣呼痛哉！

　　缇骑往逮，笑曰如归，奈何？明熹宗天启四年（1624）八月，高攀龙拜左都御史。当此之时，东林党群击阉党，势已不两立。阉党反击，攀龙先引罪去，后削籍归家。《明史·高攀龙传》于此接续云：

高攀龙像

　　……（阉党崔呈秀）遣缇骑①往逮（攀龙等）。攀龙晨谒宋儒杨龟山祠，以文告之。归与二门生一弟饮后园池上，闻周顺昌（按，东林党人）已就逮，笑曰："吾视死如归，今果然矣。"

　　之后，入与夫人语，如平时。之后，入与二孙语，遣之出。

————————

　　①　缇骑：锦衣卫属下人员。

之后，扃其户。《明史》于此接续云：

> 移时①诸子排户入，一灯荧然，则已衣冠自沉于池矣。

奈何？奈何？临大义，守大节，自沉死，宜其令名之传也。

其子举兵，其母怀义，奈何？安史之乱平，仆固怀恩与有力焉。虽然，怀恩起兵，病甚死焉。虽然，唐代宗闻其死，恻然曰："怀恩不反，为左右所误耳！"②原其起兵，怀恩告母，母曰：

> 我戒汝勿反，国家酬汝不浅，今众变，祸且及我，奈何？③

《新唐书·仆固怀恩传》于此接续云：

> 怀恩再拜出，母提刀逐之曰："吾为国杀此贼（按，即仆固怀恩），取其心以谢军中。"怀恩走……

诏辇其母归京师，厚恤之，以寿终。

奈何？奈何？临大义，守大节，以寿终，宜其令名之传也。

---

① 移时：一会儿。

② 见《新唐书·仆固怀恩传》。

③ 见《新唐书·仆固怀恩传》。

率　先

先行一步，是谓率先。率先垂范，大义存焉。

率先有险，赴险非难，义无反顾，良有以也。《宋书·蒯恩传》有云：

> （东晋末年）恩自从（刘裕）征讨，每有危急，辄率先诸将，常陷坚破阵，不避艰险。凡百余战，身被重创。高祖（按，即刘宋武帝刘裕）录其前后功劳，封新宁县男，食邑五百户。

率先有死，赴死非难，义无反顾，良有以也。赵武灵王传国惠文王，肥义为相国，并傅王。封长子章为代安阳君，田不礼相章。章素侈，心不服其弟之立。于是肥义曰：

> 公子（按，即公子章）与田不礼甚可忧也。……自今以来，若有召王（按，即赵惠文王）者必见吾面，我将先以身

当之，无故而王乃入。"①

赵武灵王塑像

《史记·赵世家》于此接续有云：

> 主父（按，即赵武灵王）与王游沙丘，异宫，公子章（按，赵武灵王长子）即以其徒与田不礼作乱，诈以主父令召王。肥义先入，（章）杀之。

惟其有利，率先难矣。有利无义，故当率先。《旧唐书·郭子仪传》下之《郭暧传》云：

> 大历（按，唐代宗年号）十三年，有诏毁除白渠水支流碾硙②，以妨民溉田。昇平（按，即昇平公主，郭子仪子郭暧

---

① 见《史记·赵世家》。
② 碾硙：利用水力启动石磨。

尚之）有脂粉碨两轮，郭子仪私碨两轮，所司未敢毁彻。公主见代宗诉之，帝谓公主曰："吾行此诏，盖为苍生，尔岂不识我意耶？可为众率先。"

毁碾碨，当率先，既率先，皆毁焉。《旧唐书》于此接续云："公主即日命毁。由是势门碾碨八十余所，皆毁之。"

惟其无利，率先难矣。无利有义，故而率先。《汉纪·孝武皇帝纪四》云：

汉武帝刘彻像

（元狩三年）河南人卜式以钱二十万与太守助廪贫民。时富民多匿财者，唯式愿出家财。上召拜为郎中……

先是时，汉击匈奴，式上书愿输家财之半，因以助边。"上问式：'欲官乎？'对曰：'不愿。'又问：'家有冤乎？'曰：'无也。以为天子诛匈奴，贤者宜尽节，有财者宜输之，则匈奴可灭也。'"

助边率先，助贫率先，其义大矣哉！

义者宜也，不宜非义。《旧唐书·文宗本纪下》云：

> （开成四年春正月）丁卯夜，（文宗）于咸泰殿观灯作乐，三宫太后诸公主等毕会。上性节俭，延安公主衣裾①宽大，即时斥归，驸马窦澣待罪。诏曰："公主入参，衣服逾制，从夫之义，过有所归，澣宜夺两月俸钱。"

周勃像

斥之归，夺其俸，其义大矣哉！

安邦治国，宜即义也。《史记·绛侯周勃世家》于此有云：

> 岁余，丞相平（按，即陈平）卒，上（按，即汉文帝）复以勃（按，前此已辞右丞相）为丞相。十余月，上曰："前日吾诏列侯就国，或未能行，丞相吾所重，其率先之。"乃免相就国。

---

① 衣裾：衣服之大襟。

其意广，其流深，率先之，义存焉。

率先者有之，观望者有之，稽迟者有之。《宋史·河渠志四》有云：

> （宋真宗景德）三年，分遣入内内侍八人，督京城内外坊里开浚沟渠。先是，京都每岁春浚沟渎，而势家豪族，有不即施工者。帝（按，即宋真宗赵恒）闻之，遣使分视，自是不复有稽迟者，以至雨潦暴集，无所壅遏①，都人赖之。

时日乍暖还凉，疾驰一路风景，率先给人力量。以此观之，率先乃责任、担当，应有意而为，亦大势所趋。

---

① 壅遏：阻塞；阻止。

附录一

不见故人

　　那棵石榴树还在，那个人已经不在。

　　最后一次见，是他臃肿着身子，推开银行的门，我匆匆经过时，并没引起他注意。不几天，就听说他住院了，没多久，就听说故去了。

　　他去了哪里？那道升起的热气，是要隔开我们，还是要融化我们？袅袅升起，又袅袅散去，这缥缈的、带奶香的热气，直到今天，我还异常清晰。

　　在同事办公桌上，我看到一本书，是章回小说，是关于近代史的。同事说，他就住办公楼的南面。于是和他，就有了第一次的会面。

　　隔着小桌，我坐了下来。保姆把牛奶送来，放在他面前，热气弥漫开，小桌上的稿纸、钢笔，还有铅笔、橡皮，似乎有些模糊了。透过窗子，我看向阳台小院，一棵石榴婆娑着，开出满树的花来。回看房间，墙边排满的书架，低矮结实，上面泛黄的书籍,如排兵布阵,整整齐齐,又重重叠叠。

他没有客气,端起牛奶,轻轻喝了口。这时,他脸上的老年斑,如同这屋里的书,有些僵硬,也有些陌生。他说,你爱看书。我惊了一下,告诉他,我喜欢历史。

一次,在食堂吃饭,有人告诉我,反右时整他的材料,有半米高,装了一大箱子,现在要返还给他了。这次吃饭,我还得知,退休后,他不停地写,已经快三十年了。

在《学习点亮人生》中,作者提到了他:1964 年,我大学毕业,分到新华社山东分社,在政文组当见习记者,魏文华①是政文组的组长。

至少在这以后,他经历了什么?我不再去想,也想象不出。

他住一楼,南面食堂的门,几乎正对他的小院。这以后,每每去食堂,那棵石榴树,都会看向我。但是之后半年多,我没再过去。我知道,时间对他意味着什么。

突然有一天,就有电话打来,他说保姆要过来,送书稿过来。厚厚的纸上,是打印的小说,是鸦片战争的内容。我看了半月,用铅笔记下笔误,改动语句,甚至提出,有的内容可合、可调、可增、可减。于是我心中忐忑,于是我又有机会,坐到了小桌边。

拿过书稿,他低下头,一张张翻看,有十多分钟,不再说话。他硕大的手指,如同这屋里的书,有些夸张,也有些柔和。看完

---

① 魏文华 (1919—2011):山西大同人,新华社记者,中国作家协会会员。

了，他笑了：照单全收。这时我说，石榴长到墙外去了。

秋天，我收到他的石榴，是保姆送来的，是那棵石榴树结的。我舍不得吃，皮快干了时就送人了。

一次拿报纸，传达告诉我，他的汇款单不少，都是稿费。以后，他没再找我，我也没再去。没再面谈，对我来说，这定然是遗憾。

《学习点亮人生》是南振中①写的，写这本书时，南振中已是新华社的总编辑。书中提到：1965 年春，我两下肥城采访，令人失望。这时有人提议，换个人再去。魏文华说："对年轻人就是要'逼'，不'逼'成不了大器！"于是，南振中三下肥城，写出了好稿。

认识时，他快九十了，九十三岁时，他故去了。现在十年已经过去，那棵石榴树荣了又枯了，枯了又荣了。而我，则写出了《读史札记（壹）》，齐鲁书社准备出版时，我想到了他。

现在，《读史札记（贰）》要出了，我又想到了他。我想到他说过"没有最终"——这是他在自家的小桌前，给我说的。

---

① 南振中（1942—）：河南灵宝人，新华社记者，曾任新华社山东分社社长、新华社总编辑。

附录二

我的呼吸

往往，好日子来的时候，就是好日子走的时候。同样地，坏日子来的时候，往往也是，坏日子走的时候。

暗夜里醒来，我会沮丧，但想想屋里的史书，还充斥着我的书架：那里的苦难，远多过你的郁闷。还是好好呼吸吧。

这时，我会想到无常，想到有常。好坏是相对的吗？长短是相对的吗？苦乐是相对的吗？是的，它们永远也不会绝对。

我现在吞吐的这口气，是小时候的那口气吗？古人曾吞吐的那口气，飘到我面前过吗？如果说气息相通，如果说今古相传，那这口气是新鲜的，今天、昨天、明天，都是新鲜的，并不会陈腐和变质。

人不能恃强，但一定要强；人可以示弱，但不能自甘于弱。气息强大，就要屏一下呼吸；气息微弱，也要屏住这呼吸。静一下，理一下，神志会清醒过来、流动开来。

这不竭的、新鲜的气息，是用来拯救的。我不能独享它，或者说，它根本就不是我的。我只是借一下，能不能留下印痕，还得看我的运气。

时光流转，历史流转，生死流转。我会活起来，会昂起头，会稳稳地，走在今古的交汇处，就像浪花，翻腾不息。

后 记

关于读史，有了《读史札记（壹）》（以下简称"《札记（壹）》"）后，又写了《读史札记（贰）》（以下简称"《札记（贰）》"），这之间，有什么关联，有什么分别？

《札记（壹）》有 59 篇，每篇论述皆简单、简略、简明，篇幅不长，举例也较少，一般是四五个人物，涉及三四个朝代。《札记（贰）》有 44 篇，多数篇章趋向繁复，举例较多，一般涉及七八个人物，以及五六个朝代。

之所以会这样，最主要还是因为，探讨的主题更深入了。围绕忠孝节义，《札记（壹）》直抒胸臆，更直接、更显性地揭示问题。《札记（贰）》则侧重间接、隐性的揭示。关于"勇"，《札记（壹）》有单篇，就叫《辨勇》，在《机警》篇中，也有关于勇的事例。在《札记（贰）》中，"勇"的事例，分散放在了《中的》《绝艺》等篇，角度变了，侧重点变了，给人的启示也有变化。

《通物》《惑溺》《默然》《依违》，还有《存正》《有行》《少之》等，都在《札记（贰）》中。里面的取例，侧重了人性的讨论，也算是深入的地方。甚至有的事例，可彼亦可此。如《请命》里，《隋书》苏威传的事例，站在隋文帝的方面，可以放在《反躬》之中，只是权衡已经用出的事例，最终站在苏威这面，放在了《请命》里。

《札记（壹）》多从乱世取事例，主要是为了彰显人性的善恶。《札记（贰）》则多取治世之例，顺应了人们对和平稳定的社会秩序和生活的期待。从前后顺序来看，也暗合了由乱到治的规律。

既然有了一个好的开端，就不能"糟蹋"以后，更不能斩断了多年的积累，而去自奉神明，所以在《札记（贰）》中，出现了较为丰富的引文。为避免单调，也为了突出要义，则尽量间接引用，而直接引用部分，往往即大义之所在。

在写下这些体会的时候，我有自己的话语体系，这就是辩证表述。如同上下、左右、内外、大小、黑白、是非，万物皆对立统一。把表达尽可能置于对立之中，从而揭示统一。写此亦写彼，彼此关照，彼此呼应。这样，文气能贯通一些，叙述和揭示亦能深刻一些。

《札记（贰）》每篇的开头或结尾，延续《札记（壹）》的写法，均有画龙点睛的语句，用以表明篇章的主题或意图。部分篇章还对所举事例适时梳理一下，再行"点睛"。如《默然》篇，梳理了两次，两次"点睛"。

《札记（壹）》的篇章多短促，虽然也有柔情，但如同疾风暴雨，倾泻而下。《札记（贰）》似和风细雨，但在柔和、散淡中，又有了雕琢感，这应是力所不逮的地方。

在《札记（贰）》中，所引学者之研究资料，按照目录顺序，分别处于《中的》篇（近代陈寅恪）、《如一》篇（清人赵翼）、《无常》篇（现代张政烺）、《存正》篇（晋人潘尼）、《礼说》篇（当代梅道芬）。在《谦退》篇中，引用了法国哲学家薇依的观点；《无常》篇则取了马拉之死，并放在开篇，其中含了巴金的文字。

以上所记，不尽准确，权作交代，或算交流。

同时，《札记（贰）》的出版，得到了齐鲁书社的全力支持。在此，谨向齐鲁书社总编辑傅光中先生以及本书的责任编辑表示衷心感谢。正是由于他们严谨细心、快速高效的工作节奏，才使《札记（贰）》得以高质量的出版。一如《札记（壹）》，卷册虽薄小，而读史永远在路上！

张延庆
2023 年 9 月 19 日于泉城寓所